Der Mensch

und

sein Geschlecht

Von

Dr. J. F. Albrecht

Dieburger Verlag

© DIEBURGER VERLAG
MARIANNE PAUL
Dieburg 1997
26. Auflage

Technical Supervision: H. P. Murmann

ISBN 3-931-611-05-1

Zu diesem Buch

Der heutige Leser wird dem Autor dieser Schrift zustimmen müssen, wenn er im Vorwort seiner fünfundzwanzigsten Auflage schreibt, ein gewisser Bann ruhe offenbar auf diesem Thema, das er als “Litteratur-Zweig” sieht. Insofern ist diese Publikation durchaus als Quelle damaligen Wissens und der Aufklärung zu betrachten. Denn vor mehr als hundert Jahren war Wissen um dergleichen geheime und dennoch so menschliche Dinge mit unzähligen Tabus belegt. Unvorstellbar war für den damaligen Menschen diese Intimität einer weiten Öffentlichkeit zu opfern, wie es heute die schnellebige Zeit der Massenmedien und des Massenkonsums verlangt.

Gerade deshalb macht es den Reiz dieses Büchleins aus, wenn der Autor seinen Lesern mit ausschweifenden und umständlichen Worten sein Thema nahe zu bringen versucht.

Die Ermahnungen und Belehrungen über die körperliche Liebe ergötzen den heutigen Leser. Irrtümer und Fehlgriffe in diesem Zusammenhang amüsieren. So auch die Worte, die ein rechtschaffener Vater seinem neuverehelichten Sohn widmet. Doch lesen Sie selbst.

Der schwer lesbare Originaltext wurde für diese Ausgabe in eine neue, leserliche Schriftform gebracht, wobei Schreibweise und Interpunktion unverändert geblieben sind.

Die Herausgeberin

Vorwort zur vierundzwanzigsten Auflage

Mit einer neuen Auflage dieses ursprünglich von **Dr. Albrecht** in Hamburg, welcher noch viele andere populär medizinische Bücher geschrieben hat, herausgegebenen Buches von der Verlagshandlung betraut, habe ich dieselbe mit größter Sorgfalt, nach dem jetzigen Standpunkt der Wissenschaft mit Hinweglassung des Entbehrlichen und der Einschaltung des wirklich Nützlichen, zum Druck der neuen Auflage hergestellt.

Es ruht offenbar ein gewisser Bann auf diesem Litteratur-Zweige, der dem gebildeten Manne solche Lektüre verleiden mußte. Er bildete sich mit Notwendigkeit aus dem Geiste, von dem jene Schriften durchweht waren, sowie aus der Form, in der sie das Wissenswerte auftischten, heraus. Vieler dieser Schriften, ja die gelesensten von allen, sind aus der Hand von Laien hervorgegangen, die durch einen verführerischen Titel anlocken, aber nichts bieten, als alte, lang überwundene, von der Wissenschaft belächelte Vorurteile. Wir halten es durchaus für zweckmäßig, beide Geschlechter zur gehörigen Zeit über ihre Bestimmung zu belehren und daß dies Fachmänner in die Hand nehmen, Männer, welche die erprobten Erfahrungen und die wissenschaftlichen Theorien dem Verständnis der Laien näherrücken, indem sie sich dabei einer jedem Uneingeweihten verständlichen Sprache bedienen. Wahrlich nirgens thut Volksaufklärung so Not, wie hier. Wie viele Männer, deren Irrtümer und Fehlgriffe in der Geschlechtssphäre das ganze Leben verbittern!

Welch ein Märtyrertum unter den Frauen, sich mit schweren und lästigen Leiden jahrelang herumzutragen, um nur nicht die Schamhaftigkeit durch Zuziehung eines Arztes zu verletzen! Diesen werden populäre Schriften aus diesem Gebiete, von sachkundiger Hand, denen die neuesten wissenschaftlichen und praktischen Ergebnisse zu Grunde liegen, ein wahrer Trost sein!

Mit solchen Prinzipien ging ich an die Verbesserung der vorliegenden Schrift. Jedermann weiß, mit welchen Schwingen der Geist unseres Jahrzehnts arbeitet; was gestern noch wahr war, ist heute schon falsch. Alle Irrtümer, die ich in der früheren Auflage vorgefunden, sind durch neue Theorien ersetzt; verschiedentliche Lücken ausgefüllt, und Mangelhaftes vervollständigt.

Dr. La Rose.

Inhalts-Verzeichnis.

Erstes Kapitel.

Zweites Kapitel.

Drittes Kapitel.

Viertes Kapitel.

Fünftes Kapitel.

Sechstes Kapitel.

Siebentes Kapitel.

Achtes Kapitel.

Neuntes Kapitel.

Zehntes Kapitel.

Anhang.

[illegible] Kapitel

[illegible] Kapitel

Achtes Kapitel

Neuntes Kapitel

Anhang

Erstes Kapitel.

Allgemeine Bemerkungen über die Ehe und ihre Freuden.

§ 1. Der Beischlaf (ich werde mich dieses Wortes so wenig als möglich bedienen und es wird vielleicht das einzige sein, woran man in dieser Schrift noch Anstoß nehmen könnte) ist der Gegenstand dieses kleinen Handbuchs.

Warum man das Wort selbst nicht so ehrwürdig behandelt, wie die Sache es ist, das liegt im Mißbrauche unserer Zeiten, in der mindern Ehrfurcht für moralisches Gefühl, in dem Lichte, welches man über die Geheimnisse verbreitet hat, die eigentlich Geheimnisse bleiben sollten.

Man könnte mir von seiten meiner scharfsichtigen Leser und Leserinnen einwenden, daß auch ich durch diese Schrift zur Enthüllung dieser Geheimnisse beitrüge, und folglich des männlichen Fehlers mich schuldig machte, den ich an den Zeitgenossen tadelte.

Allein jenem Mißbrauche sich widersetzen, das moralische Gefühl für Handlung und Wort wiederherzustellen, das schlüpfrige davon zu trennen, ernstliches Nachdenken über diesen Gegenstand zu bewirken, die zu leicht genommene Seite wieder in die Schranken zurückzuführen, das heißt den bisherigen Mängeln Einhalt thun, und das soll jeder, der sich dazu berufen fühlt.

§ 2. Die Fortpflanzung des menschlichen Geschlechts ist der erste und größte Zweck der Ehe, d. i. die innigste Verbindung, die unter Menschen nur stattfinden kann, nämlich eine Gattungsverbindung zwischen zwei Personen verschiedenen Geschlechts auf Lebenszeit.

Man rede mir nichts von dem, was wir mit dem übelberüchtigten Worte Wollust bezeichnen. Es ist der grobsinnliche besonders geschlechtliche Genuß; wer diesem sich hingiebt, weicht von der Natur ab. Das Wonnegefühl bei jenem Geschäfte ist freilich mit dem höchsten Reize des Körpers verbunden, und mußte damit verbunden werden, um in der kleinen Welt, im Menschen diejenige schöpferische Kraft anzuregen, die wir an der Natur in der großen Welt jeden Frühling anzustaunen Gelegenheit haben, jene Allgewalt des Schaffens neuer Gestalten, neuer Kräfte, sowohl körperlicher, wie geistiger.

§ 3. Doch um den Geist den Zwecken des Körpers dienstbar zu machen, ihn für diese zu bestimmen, bedarf es der Ekstase. Aber eben jenes geistige Element, das nun in dieser Ekstase mit dem körperlichen sich verband, und mit diesem körperlichen Wesen, solange es dasselbe umschließt, fortlebt, kann sich auch noch weit höherer Genüsse erfreuen, als bloß dieses Wollustgenusses.

Wer sollte in seinem Leben nicht ein oder mehrere Male das schöne Gefühl erfahren haben, wohlzuthun, eine Handlung zu verrichten, deren Bewußtsein ihn weit glücklicher machte, als er in den Armen der Wollust war. Nehmen wir nun dazu, daß jenes Gefühl bleibend, dieses rauschend, vorübergehend ist, wer sollte es nicht angenehmer befinden, in einer so schönen Rückerinnerung einer wohltätigen Handlung den immerwährenden Fortgenuß zu fühlen, als sich vielleicht schmerzlich zurückzuerinnern, daß er eine Unschuld opferte, ein Laster verbreitete, eine Folge dieses Übels bewirkte, die er nicht einmal zu übersehen, zu überrechnen im stande ist.

§ 4. Man sieht leicht ein, daß ich hier nur vom unregelmäßigen Betreiben dieses Geschäftes, von einer Leidenschaft rede, die auf bloße Befriedigung gerichtet ist, die vor dem Tiere nichts vorausgiebt, ja oft uns unter dasselbe herabsetzt.

Weit anders verhält es sich mit der Befriedigung dieses so schön und so wirksam in uns gelegten Triebes in der Ordnung, die Natur, Verstand und Verhältnisse uns zur Pflicht machen.

Was kann wichtiger sein, als Menschen schaffen zu können, die den nämlichen Grad der Glückseligkeit genießen sollen, den wir genießen; die alle Freuen des Lebens schmecken sollen, die uns selbst so reichlich zu teil werden, wenn wir sie zu wählen und ohne Übertreibung zu benutzen verstehen!

Festgesetzt also, daß diese höchste Ekstase, die der Zeugungstrieb beim Menschen hervorbringt, nur der Fortpflanzung des Geschlechts wegen da ist, daß er nur zu seiner höchsten Stufe kommt, wenn er in der Ordnung befriedigt wird, daß er, wenn er ausartet, unnatürliche Wollust, schwächender Angriff des Körpers wird, so ist eine Norm für den Menschen festzusetzen, um sich seiner nicht mehr zu bedienen, als nötig ist, den Körper zu erhalten und den Zweck zu erreichen, der für dieses Gefühl und Geschäft bestimmt ist.

§ 5. Es würde ins Lächerliche fallen, und fällt auch bei den Schriftstellern, sowie bei den Moralisten, die darüber mit Strenge schreiben und reden, ins Lächerliche, wenn sie unbedingt behaupten, der Begattungstrieb müsse nur dann befriedigt werden, wenn dadurch die Fortpflanzung bewirkt werden könne; thöricht ist, auf jeden Fall die noch weiter getriebene Strenge, ein Laster daraus machen zu wollen, wenn man einem Naturtriebe sich überläßt, wenn wirklich die Befruchtung schon geschehen.

Der große Bildner der Natur, der alles weise einrichtete würde auch diesen Trieb nicht so reizend, ja ich möchte sagen, nicht so drückend gemacht haben, wenn er eine solche Enthaltsamkeit verlangt hätte. Schauet auf die Baumblüten im Frühlinge! Die Natur ist überschwenglich reich; wie viele hundert Baumblüten gehen verloren, ohne daß daraus eine Frucht entsteht! Vernichtet nicht ein Nachtfrost oft die ganze Obsternte, wirft nicht der Sturm tausende von Früchten nutzlos in den Staub? Würden die Bäume nicht unter ihrer Last zusammenbrechen, wenn sie, die Mutter Natur, nicht selbst darauf bedacht wäre, den schädlichen Überfluß abzuschütteln? - Waltet der Schöpfer im All der Natur also, warum sollte es dem Menschen zum Verbrechen gereichen, noch der Liebe Freuden zu genießen, wenn er auch schon den Zweck des Vermehrungsgeschäftes erfüllt hat?!

§ 6. Doch um auch hierüber etwas Beruhigendes zu sagen, muß man wissen, was jeder, der mit der Sache bekannt ist, ohnedies schon weiß, dem damit Unbekannten aber wohl zu wissen nötig ist: daß nicht jede Befriedigung des Vermehrungstriebes wirklich Vermehrung zur Folge hat, daß es selbst nach Monaten noch äußerst schwer zu bestimmen ist, ob wirklich Vermehrung vorgegangen.

Bekannt genug ist, daß Ehen oft jahrelang unfruchtbar bleiben, und wenn die in diesen Jahren geschehene Befriedigung des Geschlechtstriebs, nichts Unrechtes war, und die dabei verlorenen - man sagt verlorene Säfte - nicht als verschwendet angesehen werden können, so kann auch die Befriedigung eines in den Menschen so natürlich und so ununterdrückbar gelegten Triebes, wenigstens in dem Falle nichts Unrechtes sein, wenn dadurch kein wesentlicher Schade geschieht.

§ 7. Daß aber kein wesentlicher Schade dadurch geschieht, werden wir in dem Leben der Menschen täglich gewahr. Man frage aufs Gewissen jedes Ehepaar, man frage, ob es nach geschehener Vermehrung sich ganz der Geschlechtslust enthalten, und ich glaube, es wird keine einzige bejahende Antwort erfolgen, oder die Fabel vom Phönix müsse sich sonst erneuern sollen.

Warum also uns unzeitiger Moral etwas behaupten wollen, was doch selbst in den strengsten Zeiten nicht befolgt worden ist, was der Natur widerstreitet, und was nur in dem Kopfe eines Menschenhassers und Freudenstörers ausgebrütet werden kann.

§ 8. Aber inwiefern wirklich die Erfüllung des Vermehrungstriebes sowohl im Falle, wenn die Vermehrung noch nicht, als wenn sie geschehen ist, schädlich werden kann, das ist etwas, was beherzigt werden muß, und was in der Folge auch streng untersucht, und mit allen seinen nachteiligen Folgen bestimmt werden soll.

Man lege dem Menschen keinen Wurm in sein Herz, der an ihm nagt, wenn er Freuden genießen will, aber man lege den Leidenschaften einen Kappzaum an, damit aus ihrer Übertreibung kein Unheil entstehe.

§ 9. Über alles dieses in der Folge mehr. Jetzt ist es dem Zwecke dieser Schrift gemäß, eine kurze Beschreibung der Zeugungsteile zu geben, welche die Verrichtung derselben aufklären, überhaupt das Folgende verständlicher machen wird.

Zweites Kapitel

Von den Teilen des menschlichen Körpers, die zur Fortpflanzung des Menschen dienen

§ 10. Die ganze Ökonomie des menschlichen Körpers ist so weise eingerichtet, daß man die Welt im kleinen darin nicht verkennet. Zu weitläufig wäre es, sich in die Parallele zu verlieren, die hierin stattfindet, und zu beweisen, daß das, was in dem Erdball Flüsse, Steine, Erde, im Körper Adern, Knochen, Fleisch darstellen, wie auch alle übrigen Geheimnisse der Reproduktion, d. i. der Ergänzung, der Erneuerung einer unserem Erdballe befindlichen Sache, ihre Entstehung, ihre Bildung und Reifung zur Vollkommenheit darstellen. Es ist das was uns am verborgensten liegt, und was die Natur am geheimnisvollsten aufbewahrt.

§ 11. Und ebenso geheimnisvoll liegt auch in dem Menschen das Geschäft seiner Reproduktion oder Wiederhervorbringung verborgen.

Seit Anbeginn, da sich der Mensch mit sich selbst zu beschäftigen anfing, dachte man auf die Möglichkeit, dieses so tiefe, unergründlich scheinende Geheimnis in ein gewisses Licht zu setzen, und Ärzte und Naturforscher bemühten sich, etwas darüber Annehmbares zu bestimmen, und aus Möglichkeiten Wirklichkeiten zu schaffen und anderen mitzuteilen.

§ 12. Ehe wir aber die kurze Übersicht der verschiedenen Meinungen behandeln, soll vorher etwas über die Lage und Teile gesagt werden, die zur Fortpflanzung des Menschen dienen.

Sehr weise legte die Natur den Sitz dieser Teile in den Mittelpunkt des Körpers, und richtete ihre Stellung so ein, daß kein anderes Geschäft des Lebens dadurch gestört würde. Der Mensch kann jede Arbeit verrichten, ohne daß diese Teile dadurch im geringsten gestört werden. Auch hat die Weisheit des Erbauers der menschlichen Maschine eine geringfügige Form bei beiden Geschlechtern angenommen, welche in dem Zustande, wo kein Geschäft mit diesen Teilen zu verrichten ist, einen unerheblichen Raum einnimmt, und keine Unbequemlichkeit verursacht. Beim Geschäfte und Zwecke selbst, zu dem beide Geschlechter bestimmt sind, verändern sich beide Teile.

Es ist zwar sicher die Vermehrung des Menschen mit ein Hauptzweck der Ehe, daß aber der Mensch nicht allein für diese Vermehrung seiner selbst lebt, sondern daß auch ohne sie ein glückliches Leben stattfinden kann, davon giebt die Verletzbarkeit dieser Teile, ohne daß der übrige Körper dadurch leidet, einen neueren Beweis.

Wie oft ist nicht der Fall, daß durch zufälligen Schaden, der an diesen Teilen entsteht, oder durch eigene Vernachlässigung es so weit damit kommt, daß sie ganz ausgerottet werden müssen, und doch leidet der übrige Körper nichts, kann alle seine Funktionen fortsetzen und die Wirkung der Seele ist oft dann so thätig in ihm, daß er nicht einmal diesen Verlust bedauert. Ja noch mehr! Wem ist es unbekannt, wie nach operativer Entfernung (der Hoden) der gesammte Körper an Kraft und Fülle zunimmt? Werden vielleicht die Säfte, die früher für die

Gattung bestimmt gewesen, nun für den eigenen Körper mit verwendet? Ist es das Schweigen der Leidenschaft, das nun so zuträglich für den Körper wird?

Ich gebe gern zu, daß dieses ein unnatürliches Gefühl genannt werden kann, und daß der Mensch, welcher so denkt, nicht der vollkommenste ist; allein ich habe aus dem Mißbrauche dieses Vorzugs des Menschen oft einen Ekel gegen denselben entstehen sehen, und ich will hier nur den Beweis geben, daß Nichtvermehrung des Menschengeschlechtes nicht ein so großes Verbrechen sei, als man oft daraus machen will.

Beim anderen Geschlechte ist es ja so oft der Fall, daß vor oder auch nach dem ersten Wochenbette Unfruchtbarkeit entsteht, und der übrige Körper bleibt dennoch gesund und unverletzt, und die Seele heiter und froh.

Beim Manne ist diese veränderliche Gestalt nicht von dem ganz künstlichen Baue, weil er dieselben nur bei der eigentlichen Erfüllung des Vermehrungstriebes bedarf; aber wie schön zeigt sich die Weisheit dieses Baues beim weiblichen Geschlechte, welches zu den großen edlen Handlung bestimmt ist, den künftigen Menschen vierzig Wochen lang zu bergen, zu schützen, zu bilden, zu nähren. Kein kleiner Raum wird dann zu diesem schönen Geschäfte erfordert, und so groß, so unschmerzhaft, so unmerklich dehnt sich dieser kleine Raum aus, um den neuen Weltbürger gerade so viel und nicht mehr Platz zu geben, als er bedarf, gerade die bestimmte Zeitlang ihn zu hegen, und dann durch eigene wunderbare Kraft, ihn ans Licht der Welt zu bringen.

Und die Lage, in welcher der neue Weltenbürger getragen wird, ist gerade die bequemste und angemessenste. Man denke sich irgend einen anderen Platz des Körpers, wo dieses Geschäft vollbracht werden sollte, und wie unförmlich und widerwärtig würde das vollendete Geschöpf der Natur, das Weib, sich ausnehmen?

Dagegen ist bei dieser Einrichtung nur ein so kleiner, dem Auge nicht unangenehmer, der Gestalt angemessener Unterschied zu finden, die Verhältnisse des übrigen Körpers bleiben, und das ins Auge fallende Ehrwürdige des Geschäfts der Mutter läßt uns über die vorliegende Veränderung rasch hinwegsehen.

§ 13. Und wie sorgfältig verwahrt liegt der neue Weltbürger in dem Aufenthalte, wo die Mutter ihn nährt, pflegt und erhält. Erst umgiebt ihn eine wässerige Feuchtigkeit, die jede Verletzung von ihm abhält, welche etwa den mütterlichen Leib getroffen, die ihm jede freie Bewegung gestattet, die die umgebenden Wandungen der Gebärmutter an einer zu engen Einschließung des Kindes hindert, so daß dieses sich völlig frei entwickeln kann. Das Kind bedarf der Atmung noch nicht; gleich benutzt die Natur diesen Umstand, indem sie ihn in einem nachgiebigen Fluidum völlig suspendiert. Hier schlummert er wie ein Fisch im Wasser.

§ 14. Dann umgeben ihn zwei Häute, die wie in einem Ei ihn einschließen, Raum ihm geben, seine Bewegungen zu machen, sich auszudehnen. Und endlich schützt ihn auch die Umgebung der eigentlichen Gebärmutter vor allen Zufällen, die bei Veränderungen im weiblichen Körper selbst ihm gefährlich werden könnten.

Wenn wir hierbei nun noch betrachten, daß die Eingeweide, die Muskeln des Leibes, die Häute desselben, eine neue entferntere Wand um ihn stellen, so schützt ihn dies alles zusammen so ziemlich vor äußeren Gewaltthätigkeiten, wenn sie nicht so heftig sind, daß sie das ganze System des Körpers zerstören.

Die Wohnung selbst aber des kleinen Embryo ist in dem weiblichen Körper auf so vielerlei Art befestigt, daß auch die wirklich bedeutende Schwere eines bis zur Geburt ausgewachsenen Kindes mit seinen Umgebungen, auch nicht die Bewegung, die der kleine Weltbürger macht, eine Verrückung in dieser Lage hervorbringen kann.

§ 15. Und eben so weise, wie diese Einrichtung vom Schöpfer gemacht ist, ist es auch mit der Entfernung des jungen Weltbürgers aus dem Aufenthalte, der ihn bisher umschloß. Hier ist keine Verletzung der übrigen Teile des Körpers. Die zu stark und so stark, als es nötig und möglich war, ausgedehnten Fleischfasern des Verhältnisses ziehen sich elastisch wieder zusammen, wie sich eine Saite, die man auseinander gezogen hat, wieder zusammen zieht und die Macht aller dieser in einer Richtung laufenden Fasern drückt den kleinen Bewohner dieser Höhle so, daß er auf dem einzigen ihm sich bietenden Ausweg aus seiner stillen Behausung zur Welt kommt.

§ 16. Eben so weise ist es, daß der junge Weltbürger, wie es doch am gewöhnlichsten und leichtesten der Fall ist, mit dem Kopfe zuerst geboren wird. Es ist die sanfteste und die Öffnung des Muttermundes am passendsten erweiternde Wölbung am Kinde. Auch hat die Natur schon soviel Kraft in die gewölbten festen Knochen, die das Gehirn einfassen, gelegt, zugleich aber auch sie noch nicht ganz geschlossen, daß sie sich übereinander schieben können, wenn ja der Widerstand zu hart wäre, daß der Druck, der überhaupt auf jedem gewölbten seine Macht verliert, auch hier nicht schädlich werden kann.

§ 17. Da diese Wirkung der zusammentreffenden Umstände bei der Geburt des hervorgebrachten Menschen aber nicht ganz ohne alle körperliche Empfindung des Schmerzes vorübergehen kann, so hat die Natur um so größeren Reiz und um so angenehmere Empfindung bei dem wirklichen Akte der Zeugung und bei der Befriedigung des Geschlechtstriebes angebracht, daß die glückliche Mutter den ausgestandenen Schmerz bald vergißt, und bei einer neuen Empfängnis nicht an jene schmerzhaften Stunden zurückdenkt, zumal letztere durch die Freude, ihr Ebenbild erzeugt und zur Welt gebracht zu haben, ihr reichlich versüßt wird.

§ 18. Zu bestimmen ist es nicht, welches von beiden Geschlechtern den größten Reiz und folglich das größte Vergnügen bei der Erfüllung des Vermehrungstriebes habe; allein fast sollte man meinen, daß das Weib den meisten Genuß habe, insofern dasselbe auch die meisten Leiden dabei ertragen muß.

Über den regelmäßigen Bau der männlichen und weiblichen Zeugungsorgane.

§ 19. Es dürfte nicht ganz unnötig sein, die Organe sowohl des Mannes als auch des Weibes, welche der Schöpfer zur Zeugung des Menschen gebildet hat, kurz nach ihrem regelrechten Bau zu beschreiben, weil zuweilen, nicht allein beim Manne, sondern auch beim Weibe, Mißbildungen dieser Organe vorkommen können, welche die Ehe unfruchtbar machen; es giebt darunter aber auch geringe Hindernisse, welche durch leichte Operationen zu beseitigen sind, sodaß ein unfruchtbares Subjekt auf eine leichte Weise zur Ehe fähig gemacht werden kann.

Die Geschlechtsteile des Mannes.

Die äußeren Geschlechtsteile.

Hierher gehören die Hoden, in einem häutigen Sakke eingeschlossen, der am untersten Teile des Unterleibes zwischen den Schenkeln herabhängt, von den allgemeinen Bedeckungen des Körpers gebildet wird, und ebenso wie der darüber befindliche Venusberg mit Haaren bewachsen ist. Die im Hodensacke mannigfach von Häuten umkleideten Hoden sind die wichtigsten Organe der Zeugung; sie bestehen aus unendlich kleinen Samengefäßchen, worin der männliche Samen bereitet wird. Auf den Hoden selbst liegen noch die Nebenhoden. Die Samenkanälchen gehen in den Samengang über, welcher den Samen durch den Bauchring zu den Samenbläschen leitet.

Das männliche Glied ist aus zwei schwammigen Körpern und der Harnröhre zusammengesetzt. Es hängt im schlaffen Zustande vom sogenannten Venusberge zwischen den Schenkeln herab. Seine Länge beträgt im aufgeregten Zustande von 15 bis zu 20 - ja 25 Zentimeter, und mißt 3 bis 5 Zentimeter im Durchmesser seiner Stärke. Die am Schambein entspringenden schwammigen Körper schwellen durch den Zufluß von Säften vor und bei der Begattung an und versetzen das männliche Glied in eine gewisse Steifheit. Sie nehmen die Harnröhre, die mit der Urinblase in Verbindung zur Ableitung des Urins bestimmt ist, zwischen sich auf. Die Harnröhre hat ihre Mündung vorn an der Eichel des männlichen Gliedes. Die Eichel ist sehr gefäß- und nervenreich und ist der empfindlichste Teil des männlichen Gliedes; sie ist deshalb mit der Vorhaut bedeckt, welche sich während der Begattung zurückschiebt, sodaß die Eichel mit der Mutterscheide des Weibes in die innigste Berührung kommt, wodurch für beide Teile das höchste Wollustgefühl hervorgebracht wird.

Die inneren Zeugungsteile des Mannes.

Zu den inneren Zeugungsteilen des Mannes gehören noch die Samenbläschen; sie befinden sich zwischen der Urinblase und dem Mastdarm im Innern der Bekkenhöhle. Sie sind äußerst zart und dünnhäutig, bewahren den Samen, welcher aus den beiden Hoden durch einen schon genannten Kanal in sie geführt wird, in sich, öffnen sich an einem Ausführungsgang in die Harnröhre und spritzen beim höchsten Liebesreiz die befruchtende Flüssigkeit mittels der Harnröhre des steifgewordenen und in der Mutterscheide des Weibes befindlichen männlichen Gliedes in die inneren Geburtsteile des Weibes. Sind diese Samenbläschen verhärtet, oder ist ein Hindernis in der Harnröhre, oder hat letztere selbst eine widernatürliche Öffnung, z.B. tief unter der Eichel, so ist der Beischlaf unfruchtbar. Sogar eine verengerte Vorhaut, die bei der Begattung nicht über die Eichel sich zurückzieht, kann Ursache der Unfruchtbarkeit werden. Die am Anfang der

Harnröhre, zwischen Harnblase und Mastdarm liegende Vorsteherdrüse läßt die Ausführungsgänge der Samenbläschen zwischen sich durch. Ist diese Drüse verhärtet oder mißgebildet, so sondert sie die in ihr bereitete Feuchtigkeit nicht ab, und behindert sogar die Ausspritzung des Samens, wodurch ebenfalls Unfruchtbarkeit entsteht. Dies eine kurze Erwähnung der männlichen Zeugungsteile, wie sie sein müssen; ist eine Abweichung von dieser regelmäßigen Bildung vorhanden, so muß man den Arzt zu etwaiger Beseitigung derselben zu Rate ziehen.

Die Geschlechtsteile des Weibes.

Die äußeren Zeugungsteile.

Die großen Schamlefzen unterhalb des mit Haaren besetzten Schamberges (Venusberges) an der untersten mittleren Stelle des Unterleibes, da, wo beide Schenkel zusammentreten, von der Umschlagung der allgemeinen Hautdecken gebildet, haben zwischen sich die Schamspalte, als den Eingang in die inneren Geburtsteile, und zwar zunächst in die Scheide. Bei unberührten Jungfrauen schließen diese aufgewulsteten und ebenfalls mit Haaren besetzten Schamlippen aneinander. In der oberen Vereinigung der Schamlippen ist der sogenannte Kitzler, ein kleiner hervorragender, dem männlichen Gliede nicht unähnlicher Körper, der von den Nymphen oder kleinen Schamlippen umgeben ist. Unter dem Kitzler befindet sich die Öffnung der Harnröhre und gleich unter dieser die der Mutterscheide. Die äußeren Schamteile, und zwar der Eingang in die Scheide, ist durch das Jungfernhäutchen verschlossen, welches nur eine Öffnung zum Abfluß der monatlichen Reinigung hat.

Dies ist jedoch nur bei unberührten Jungfrauen der Fall. Bei dem ersten Beischlafe wird dieses Häutchen durch das Eindringen des männlichen Gliedes zerrissen, und geht gemeiniglich in Stücken, die man sodann die myrtenförmigen Wärzchen nennt. Der erste Begattungsakt ist demnach nicht ganz schmerzlos, besonders wenn diese Haut stark und gefäßreich ist. Ja in seltenen Fällen sollen sogar Verblutungen durch die Zerreißung des Jungfernhäutchen (Hymen genannt) erfolgt sein. Regelwidrige Zustände können sein: Verwachsung der Schamlippen, Verknorpelung des Hymens, ein zu großer Kitzler (wie solcher bei Zwittern vorkommt), welche Umstände weibliche Unfruchtbarkeit begründen können, und wogegen ärztliche Hilfe in Anspruch genommen werden muß. Der Kitzler ist der empfindlichste Teil der weiblichen Scham und wird in ihm das höchste und feinste Gefühl der Wollust durch den Beischlaf erweckt. Als einen Beweis der echten Jungfernschaft nahm man früher an, daß das Jungfernhäutchen oder Hymen noch unversehrt sein und Spuren von Blut nach dem ersten Beischlaf sich zeigen müßten; allein Krankheiten, ein Sprung und andere mechanische Ursachen können diese Haut zerstören, ohne daß das Mädchen je von einem Mann berührt worden ist; dahingegen können Buhlerinnen dieses Organ bei aller ihrer Ausschweifung noch unverletzt besitzen, wenn solches nämlich dehnbar dem Eindringen des männlichen Gliedes weicht, und nach dem Begattungsakte sich wieder zusammenzieht. Hat man doch Schwangerschaften bei noch unverletzten Hymen beobachtet.

Die inneren Zeugungsteile des Weibes.

Zu den inneren Geschlechtsteilen des Weibes gehört die Scheide, der Muttergang, ein 15 -20 Zentimeter langer Kanal, der im jungfräulichen Zustande eng, fest und dicht und voller Runzeln ist, viele Schleimdrüsen zur Absonderung von Feuchtigkeit, sowohl beim Beischlafe, als bei der Geburt hat. Diese Feuchtigkeit wird oft widernatürlich und tritt als weißer Fluß auf, was ebenfalls eine Ursache zur Unfruchtbarkeit der Weiber abgeben kann.*)

In die Mutterscheide, zwischen Urinblase und Mastdarm gelegen, mündet der unterste Teil der Gebärmutter, d. i. der Gebärmuttermund. Dies ist das wichtigste Organ im weiblichen Organismus. Die Gebärmutter ist im ungeschwächten Zustande birnförmig gestaltet. Der dünnere Teil ist nach unten, der dickere nach oben gerichtet. Nach der Schwängerung dehnt sich der Uterus d. i. die Gebärmutter aus, und die Ausdehnung steigt so hoch, daß der obere Teil oder Grund der Gebärmutter die Herzgrube erreicht. Im ungeschwängerten Zustande hat die Gebärmutter in ihrem Inneren nur einen kleinen Raum, der mit einem Paar Kanälen, den sogenannten Muttertrompeten, in Verbindung steht. Diese Muttertrompeten oder fallopischen Kanäle gehen zu den Eierstöcken, welche sie mit ihren franzenartigen Enden umfassen.

Die Eierstöcke, zu beiden Seiten der Gebärmutter, enthalten die Eier, welche, nach der heutigen Theorie, nach fruchtbarer Begattung den Keim zum neuen Men-

*) Das ist so zu verstehen, daß die Krankheiten, die dem weißen Fluß zu Grunde liegen, auch oft Unfruchtbarkeit bedingen.

schen in sich fassen. Zur Zeit der Menstruation (monatliche Regel) trennt sich ein Ei vom Eierstock los, wandert durch den fallopischen Kanal und wird hier oder in der Gebärmutter durch den männlichen Samen befruchtet. In dem Uterus bildet sich dann die Frucht bis zur Geburtsreife aus.

Die Gebärmutter ist durch mehrere Bänder befestigt. Die sogenannten runden Mutterbänder gehen durch den Bauchring, verlieren sich in den Venusberg, und befestigen so die Gebärmutter. Die breiten Bänder umgeben die Muttertrompeten und sind eine Verdoppelung des Bauchfelles.

Alle diese inneren, sowie die äußeren Teile des Weibes, müssen in natürlichem, völlig ausgebildetem Zustande sein, wenn die Person zum Kinderzeugen fähig sein will. Und nicht allein dieses, sondern auch der knöcherne Bau des weiblichen Beckens darf weder zu eng, noch fehlerhaft gebildet sein, sonst erfolgt entweder keine Befruchtung, oder es giebt schwere Geburten, die der Frau nicht selten den Tod bringen.

Die Eierstöcke, die Muttertrompeten können ferner verhärtet, wassersüchtig, mit Geschwüren behaftet, die Bänder der Gebärmutter erschlafft, und ein Vorfall der Gebärmutter in der Scheide vorhanden sein.

Es könnte ferner Verwachsung der Mutterscheide, Mißbildung der Gebärmutter, ein zu langer Muttergang, Zerreißung des Dammes, als des Teiles zwischen Scham und Mastdarm, zu große Weite der Scheide, und noch viele andere Zustände, die teils zu heben, teils nicht zu heben sind, zugegen sein, und hinlängliche Ursachen zur Unfruchtbarkeit darbieten.

Zu den wahrlich nicht unwichtigen weiblichen Zeugungsteilen gehören auch die weiblichen Brüste; wenn sie auch nicht unmittelbar die Zeugung vollbringen, so dienen sie doch zur Ernährung des neugeborenen Kindes, und hängen mit den äußeren und inneren Zeugungsteilen innig genug zusammen. Die Brüste sind die Ausstattung des Weibes. Eine schöne, gewölbte weibliche Brust beurkundet auch die anderen Vollkommenheiten des Weibes; denn bei unmannbaren Jungfrauen sind auch die Brüste noch vollkommen. Reizung der Brüste verursacht beim Weibe zugleich auch ein wollüstiges Gefühl der Geschlechtsteile. Solange das Weib ihr neugeborenes Kind stillt, hört die monatliche Reinigung auf; doch findet man in manchen Fällen, daß solche doch sich auch während des Stillens wieder einstellt. Durch Druck der Schnürleiber können die weiblichen Brüste ihre Elastizität verlieren, auch krebshaft werden. Die Brüste haben viele Drüsen, durch welche die Milchabsonderung geschieht.

§ 20. Der Leben gebende Stoff, der Same, der eigentlich zur Reproduzierung des Menschen beim Manne so höchst erforderlich ist, ist nicht allein zu diesem Zwecke im Körper vorhanden, sondern er dient, nach mehreren bewiesenen Lehrsätzen und aus der Erfahrung darauf gegründeten Schlüssen, nach seiner Zubereitung, bei seiner Rückkehr im Körper zur Stärkung desselben, zur Erhöhung des Geistes, und vielleicht zur genaueren Verbindung der Seele mit dem Körper. Hieraus die Lehre: Man verschwende diesen Saft nie mutwillig und unnütz.

§ 21. Unnütz wollen wir hauptsächlich jene lasterhafte Weise nennen, wo er dem Körper auf eine andere, als die natürliche Art, entzogen wird, wo er verloren geht, ohne das Geschäft der Vermehrung zum Zweck zu haben, und ohne daß für den Verlust eine Entschädigung, wie durch den bei beiden Teilen auf natürlichem Wege stattfindenden Genuß, erwächst.

Denn bei dem natürlichen Gange des Zeugungsgeschäftes, bei beiden Geschlechtern, wird der Verlust von beiden Seiten durch die einsaugenden Gefäß ersetzt, und damit dieses Geschäft gewissermaßen zur Erhaltung und Vervollkommnung beider Körper beitrage, besonders in den bessern und kraftvollern Jahren ihres Lebens vollbracht, dagegen der einseitige Verlust dieses Saftes durch irgend einen unnatürlichen Reiz hervorgebracht, eine tötende Entkräftung hervorbringt, den Körper ausmergelt, die Seele abstumpft.

Ein unnatürliches Laster, die Onanie oder Selbstbefleckung, deren schreckliche Folgen schon im alten Testamente beschrieben werden, dient besonders recht ausschließlich dazu, den Körper zu schwächen und den Geist völlig abzustumpfen, ja das Subjekt, welches dem Laster ergeben ist, ganz und gar körperlich, vorher aber oft moralisch zu töten.

Leider findet man dieses Laster schon bei Knaben von 10 - 12 - 14 Jahren. Oft liegen Reize des Unterleibes z.B. Würmer, zu Grunde; daher ist Eltern und Erziehern anzuraten, Obacht auf ihre ihnen untergeordneten Zöglinge zu haben. Die unnatürliche Richtung des Geschlechtstriebes läßt sich oft durch eine einfache Behandlung heben.

Aber häufig rührt es von einer verdorbenen Phantasie her, teils durch lesen schlüpfriger Romane, teils durch unverzeihliches Benehmen der Erwachsenen, welche den Kindern skandalöse Anekdoten erzählen und dadurch ihre Herzen vergiften. Kinderwärterinnen spielen öfters den unschuldigen Kindern an den Geschlechtsteilen, um sie zu beruhigen, oder man giebt den Kindern zu zeitig geistige Getränke, zu nahrhafte Speisen u.s.w.

Ohne Verschwendung des Samens kann man aber auch durch eine üppig aufgeregte Phantasie Selbstbeflekkung ausüben und sich eben dadurch ja fast noch mehr schaden, als durch das körperliche Laster.

Auch dem schönen Geschlechte rate ich, der getreu zu bleiben, und sich nicht zu Ausschweifungen verleiten zu lassen, die ihrer Seelenruhe, ihren Seelenkräften, ihrer Schönheit und ihrer Gesundheit gleich schädlich sind.

§ 22. Mutwillig verschwendet nenne ich das geistige Flüssige, welches beiden Geschlechtern eigen ist, wenn es durch viele und öftere Anstrengungen in dem Wege der Natur vergeudet wird. So sehr, wie wir im Folgenden sehen werden, die mäßige Befriedigung des Geschlechtstriebes zur körperlichen Vervollkommnung beiträgt, so widrig ist die Wirkung der Übertreibung, und wenn auch die Folgen nicht so schnell und schrecklich eintreten, wie bei der unnützen, so hat, außer dem Verlust der Jahre, die der Mensch bei mäßiger Ausübung dieser notwendigen Leidenschaft sich erhalten könnte, er auch noch den Nachteil, einen kränklichen, geschwächten Körper zu bereiten, der die Freuden des Lebens nicht mehr in dem Maße fühlen kann, wie er sie bei Aufsparung seiner Kräfte gefühlt haben würde. Aber nicht allein allgemeine, sondern auch örtliche Schwäche und schmerzhafte Krankheiten können aus Unmäßigkeit hervorgehen. Der französische Arzt Dr. Giraudeau de Saint-Gervais behandelte ein junges Ehepaar, das durch übermäßigen Genuß der

Liebe sich einen bösartigen Ausfluß aus den Geschlechtsteilen zugezogen hatte. Solche Folgen zeigen sich auch bei widernatürlicher Befriedigung des Geschlechtstriebes, und zwar bei beiden Geschlechtern. Kennzeichen übermäßiger Befriedigung sind oft Erschlaffung der Gebärmutter, Augenschmerzen, Ringe um die Augen, Kopf-, Magen- und Brustschmerzen, Unbehaglichkeit, trübe melancholische Stimmung zuletzt Krümmung der Wirbelsäule, Augenschwäche u.s.w. Eltern und Erzieher sollten doch ja auf solche verdächtige Zeichen bei ihren Söhnen und Töchtern, Zöglingen u.s.w. aufmerksam sein.

Denn nichts nimmt mehr die Kräfte weg, als der zu häufige Verlust jenes geistigen Stoffes, der nicht nur die Zeugung eines Menschen bewirken soll, sondern auch auf die Reproduktion (Ergänzung) der Lebenskräfte des schon gebildeten den größten Einfluß hat.

§ 23. So wie aber auch der übermäßige Verlust dieses Stoffes alle übrigen Teile des Körpers dadurch nicht allem entnervt, daß sie diesen Zufluß nicht wieder erhalten, sondern auch dadurch sie geschwächt, daß andere ihnen nötige Säfte ihnen entzogen und zum Ersatz dieses Saftes angewendet werden, so kann hingegen eine zu große Enthaltsamkeit auch schädliche Folgen hervorbringen und dem Menschen nachteilig werden.

Bis zu gewissen Jahren wird das, was in den feinen Gefäßen, die diesen geistigen Stoff zubereiten, abgesondert wird, zum großen Teil aufgesogen, der allgemeinen Blutmasse zugeführt, und dient zur Reproduktion des vollkommenen Menschen.

Allein sobald der Mensch in dem vollkommenen Zustande sich befindet, tritt der Zeitpunkt ein, wo ein Teil des Samens schlechterdings auf dem Wege, den die Natur vorgeschrieben, wieder ausgeführt werden muß, oder es entsteht eine Überfüllung des Körpers von geistigen Teilen, eine Neigung zum Überreiz, welche zu den Krankheiten Gelegenheit giebt, die aus der Überreizung entstehen.

Es ist nicht genug, daß man sagt, man kann die überflüssigen Säfte durch ausleerende und schwächende Mittel wegschaffen und den Überreiz hindern.

Dies sind jedoch nur vorübergehend wirkende Mittel. Allein sie schwächen auch zugleich, und der Saft geht zwar wieder in die Blutmasse zurück, wenn man an anderen Stellen ausleert; aber es ist eine gewaltsame Operation, die auf das Ganze einen verderblichen Einfluß hat, und die Maschine vor der Zeit aufreibt.*)

§ 24. Wohin eine Ausleerung bestimmt ist, dahin muß sie geschehen, daher ist auch die Befriedigung des Geschlechts- oder Zeugungstriebes in einem gewissen Zeitpunkte beim Menschen notwendig und wohlthätig. Alles dies richtet sich nach dem Eintritt der Reife eines Menschen.

Im Allgemeinen gilt hier die Regel, je früher die Geschlechtslust und ihre Befriedigung eintritt, desto früher hört sie auch auf, und umgekehrt, je später jenes geschieht, desto länger erfreut sich der Mensch der Zeugungskraft.

---

*) Ob der einmal bereitete und in den Bläschen abgesetzte Samen wohl wieder aufgesogen werden kann? Eher läßt sich annehmen, daß, bei unaufgeregter Geschlechtssphäre, die zur Samenbereitung nötigen Säfte in den Körper zur Vervollkommnung des ganzen Organismus zurücktreten. Rubemprie und andere wollen zwar der Ansicht, daß der bereits in den Testikeln bereitete Samen wieder aufgesogen werden könne, das Wort reden. Man hat jedoch Beispiele von aufgesogenem Eiter, und die Lehre von der Kranheitsversetzung - Metastasis - ist von alten Zeiten her feststehend. Ausgetretene Lymphe wird oft sehr leicht wieder aufgesogen

Gewiß aber ist es, daß es Zeiten im menschlichen Leben giebt, wo diese Ausleerung zur Gesundheit gehört, und wer sich, wenn der Lauf der Natur sie von ihm fordert, gewaltsam derselben entzieht, erfüllt nicht den Zweck seiner Bestimmung. Es sind äußerst wenige Beispiele von dieser Enthaltsamkeit; denn der Name eines Hagestolzen, oder das Nichverheiratetsein, beweist in diesem Falle noch nichts; allein, wo solche Beispiele wirklich sich finden, da wird man die Gesundheit solcher Menschen sehr oft zerrüttet antreffen. Wir werden in der Folge sehen, daß selbst im verheirateten Stande eine zu zweit getriebene Enthaltsamkeit der Gesundheit nachteilig ist.

In den kalten nördlichen Klimaten mögen Beispiele von lebenslänglicher Enthaltsamkeit nicht so ganz selten sein; es mag auch einzelne Subjekte geben, welche, ohne große Beschwerden, das strengste Cölibat ertragen können; aber es ist auch nicht zu leugnen, daß eine zu weit getriebene Enthaltsamkeit mancherlei Krankheiten hervorgebracht hat.. Wie mancher alte Junggeselle leidet an Verhärtung der Vorsteherdrüse, Samenverhärtung der Testikeln, Gicht, Podagra, Hämorrhoiden; wie mancher wird sogar wahnsinnig, weil ein ungestüm mahnender Geschlechtstrieb nicht kann befriedigt werden. Ich sah die schönsten jungen Mädchen dahinwelken, an Schwindsucht, Abzehrung, Bluthusten, Unordnungen der monatlichen Reinigung, weißem Fluß, krebsartigen Übeln u.s.w. sterben. Ein glücklicher Ehestand ist daher für uns Menschen schon hier ein Himmel auf Erden. Das höchste Lebensalter fand man am häufigsten bei verheirateten Personen, welche in einer glücklichen und geregelten Ehe leben. Die Freuden der Liebe in der Ehe soll man daher nicht verschmähen; denn nur selten mag es der Fall sein, daß ein Ehepaar durch die Genüsse der Liebe erkrankt, wenn solche nicht etwa im Übermaße stattfinden. Ungesunde, kränkliche Personen, welche zur Ehe unfähig sind, werden sich auch zu dergleichen Genüssen nicht aufgelegt fühlen, und wenn dennoch eine natürliche Anregung dazu stattfände, so werden sie sich gewiß wohler und behaglicher fühlen, wenn sie mäßig den Anforderungen der Natur zu genügen suchen.

Eine heftige Liebe kann nicht leicht unterdrückt werden: sie hört selten auf die Stimme der Vernunft und hat zuweilen schon Tod verursacht. Ein junger Offizier, der heftig in ein junges Mädchen verliebt war, erhielt des Nachts ein Rendezvous; da sie lange auf sich warten ließ, so war er im höchsten Grade aufgeregt, Pulse, Blutwärme sind in höchster Ekstase, die Augen leuchten, die Respiration stockt zuweilen. Endlich naht die Geliebte, er stürzt auf sie zu, umarmt sie mit der größten Heftigkeit, stößt einen Schrei des Schmerzes aus und - stirbt.

Bekannt ist das Schicksal eines jungen Mannes, der von einer heftigen Liebe zu Mlle. Gaussin entflammt, von ihr aber verschmäht, sich eines Tages ihr zu Füßen warf und so voller Liebe seinen Geist aufgab. Der Biß einiger Tiere, namentlich des Hundes, soll, wenn sie in der Begattung gestört werden, giftig sein. Ich habe einst einen Mann, schon 70 Jahre alt, in Behandlung gehabt, der im Akte der Begattung gestört, in eine sehr schmerzhafte Krankheit der Geschlechtsteile verfiel. Geschieht dies noch am dürren Holze, was soll's erst am grünen werden. Liebe, Wut und Wahnsinn grenzen aneinander und berühren sich. Verschmähte Liebe hat nicht allein das Glück einzelner Familien, nein sogar ganzer Länder und Völker zerstört. An Frankreichs dreißigjährigen Kriegen und Revolutionen war die Ungefälligkeit der Gemahlin Ludwig des XV. gegen ihren Gatten schuld.

Wäre sie klüger gewesen, so hätten die Maitressen nicht Frankreichs Einkünfte verschlungen und wäre die erste Revolution und ihre Folgen nicht in's Leben getreten.

Nach den Beobachtungen des Berliner Arztes Cospart, über das Verhältnis der Sterblichkeit zwischen Verheirateten und Ehelosen, starben, vom 30. bis zum 35. Jahre, unter hundert Männern 27 ehelose und nur 18 verheiratete. Unter hundert Männern erreichten nur 41 unverheiratete ein Alter von 40 Jahren, von verheirateten aber 78. In den höheren Altersstadien stellt sich dieser Unterschied noch bedeutender heraus. Mit 60 Jahren sind nur 22 Unverheiratete auf 48 Verheiratete am Leben; mit 70 Jahren nur 11 auf 27, und auf 4 achtzigjährige Männer kommt im Durchschnitt nur 1 Mann, der im Cölibat lebt. Wenn auch für das bei Verheirateten sich größer stellende Sterblichkeits-Verhältnis die geregelte Lebensweise, wie sie die Ehe mit sich bringt, die größere Bequemlichkeit von wesentlichem Einflusse ist, so ist die in der Ehe gebotene, regelmäßige Geschlechtsthätigkeit ebenfalls ein durchaus nicht zu unterschätzendes Moment für die Erhaltung der Gesundheit.

§ 25. Es wird hier noch einmal erinnert, daß sowohl beim männlichen als weiblichen Geschlechte dieses der Fall ist, daß beide darauf zu sehen haben, daß sie zur rechten Zeit ihres Überflusses sich entäußern. Beim schönen Geschlechte sind die Folgen zu strenger Enthaltsamkeit noch wichtiger, als beim männlichen, weil das weibliche

Geschlecht der Reproduktion des Menschen zu seiner Erhaltung noch weit mehr bedarf, und die üblen Folgen der Ehelosigkeit noch mehr sich zeigen.

So wie bei kleinen Mädchen der zu frühe Reiz die Fruchtbarkeit tötet und den Grund zum Abgange einer Feuchtigkeit giebt, die man den weißen Fluß nennt, welche Krankheit durch die Länge der Zeit so bedeutend wird, daß sie das Wohlbefinden außerordentlich stört; so giebt zu große Enthaltsamkeit bei erwachsenen Frauenzimmern ebenfalls die Ursache zu diesem Übel, und kann folglich das nämliche Unheil nicht allein vorbereiten, sondern auch hervorrufen.

Der Prozeß der Natur ist hier ganz einfach; die Zeugungsstoffe suchen einen Ausweg und finden ihn nicht.

Der Drang bringt immer vermehrte Reizung hervor. Der Körper kann nicht befriedigt werden, die Seele wird überspannt, die Einbildungskraft wirkt mit. Der Druck auf die Gefäße ist so heftig, daß sie endlich, wenigstens beim Manne, mit Gewalt die Flüssigkeit entleeren.

Diese Operation der Natur ist aber mit einer Heftigkeit verbunden, die bei dem Geschlechtsakte nicht stattfindet. Die Gefäße durch welche sich die Feuchtigkeit entleert, können sich nicht gehörig zusammenziehen, folglich entsteht, wenn dieses mehrere Male geschehen, eine Erschlaffung, welche den immerwährenden Abfluß vorbereitet, und so gehen die besten Säfte des Körpers verloren.

Es stellen sich nächtliche Samenergießungen ein, welche den Körper auf eine ungemeine Weise schwächen, besonders wenn sie sehr häufig erfolgen, wohl ein bis zwei Mal sich einstellen. Wenn diese Entleerungen nur selten sind, so dienen sie zur Erleichterung und sind auch, nach Hufeland und anderen, eben nichts Krankhaftes; ja der genannte große Arzt stellt diese Ausleerungen mit der monatlichen Reinigung des weiblichen Geschlechts in Parallele, und beweist, daß dem Manne durch selten erfolgende Samenausleerungen die Enthaltsamkeit möglich werde. Gewöhnlich geschieht eine solche Ergießung nach einem üppigen Traume. Wenn aber diese Pollutionen sehr häufig wiederkehren und nach Krankheiten oder Selbstbefleckung sich einstellen, so sind sie krankhaft und können den Körper ausmergeln. Hier frage man zur Beseitigung derselben einen geschickten Arzt um Rat; denn wenn der Krankheitszustand zu tief eingewurzelt ist, so nehmen die besten Säfte des Körpers diese falsche Richtung an, und es geht nicht allein das Zeugungsvermögen verloren, sondern der Körper erliegt auch ganz und gar und verfällt in völlige Abzehrung. Ebenso kann auch eine zu häufige und rasch wiederkehrende oder zu starke monatliche Reinigung dem Weibe unendlichen Schaden zufügen, dasselbe unfruchtbar machen und an den Rand des Grabes führen. Auch dieser Übelstand ist mit Hilfe eines einsichtsvollen Arztes zu entfernen.

Hufeland verordnet gegen nächtliche Samenergießungen das Hallersche Sauer (Elixir acid. Halleri) täglich dreimal zu 10 bis 15 Tropfen in schleimigen Mitteln, als z. B. Thee von isländischem Moos, oder auch in Verbindung mit Whytts Chinatinktur, als:

Rec. Elixir acid. Halleri	15,0
Tinct. Chinae compos.	45,0

M. S. Dreimal täglich 50 Tropfen mit Schleim und Wasser. Späterhin geht man zu China, Quassia, Colombo, Terra Catechu, Stahlwein, Pyrmonterwasser über, wäscht Geschlechtsteile und Kreuz mit kaltem Wasser, und hierauf mit verdünntem Kampfergeist.

Weiter unten, in dem Kapitel, wo von der Reife und Konzeptionsfähigkeit der Frauenzimmer die Rede sein wird, ein Mehreres hierüber.

Drittes Kapitel.

Von der Art, wie der Mensch entsteht, den verschiedenen Meinungen darüber und deren wahrscheinlichsten Resultate.

§ 26. Über die Art und Weise, wie der Mensch entsteht und erzeugt wird, ist sehr viel gestritten worden, und wird jetzt noch eben so sehr gestritten. Ärzte, Anatome und Naturforscher haben sich damit beschäftigt, dies näher zu untersuchen, und auf ihre Beobachtungen gestützt, oder durch ihre Einbildungskraft verleitet, Hypothesen d. i. auf Wahrscheinlichkeit gegründete Vermutungen aufgestellt, die oft genug einander widersprechen, und wovon die eine die andere aufhob, lächerlich machte und immer mehr Dunkelheit in eine Sache brachte, die aufgeklärt werden sollte.

§ 27. Die ersten Meinungen fielen zu Gunsten des männlichen Geschlechts aus, man glaubte ihm ganz allein die Zeugungskraft beilegen zu müssen, und ließ dem weiblichen Geschlechte kein anderes Verdienst, als das Behältnis zu sein, in welchem die Frucht des Mannes aufbewahrt und bis zur Reife getragen würde.

Man ging von dieser Meinung ab und gab später zu, daß das Weib nicht minder als der Mann einen eigenen Stoff zur Erzeugung der Frucht giebt, und daß dasselbe beide Stoffe, woraus die Frucht gebildet wird, in die Gebärmutter aufnimmt, also an der Entstehung des neuen Menschen gleichen Teil habe.

Einige nahmen diese Bildung gleich aus dem ersten so geistig zusammentretenden Stoffe an, andre aber wollten denselben gar erst zur Fäulnis gediehen wissen, ehe ein neuer Mensch daraus hervorgehen oder entstehen könnte.

Zeugungsstoffe, Bildungsvermögen, Möglichkeit sich zu gestalten, waren Ausdrücke, die man hervorsuchte, um Begriffe zu machen, wovon man leicht mit Gewißheit zu sprechen wagte und doch nicht sagen mochte, man wisse nichts.

§ 28. Bald nahm man die Vergrößerungsgläser zu Hilfe und wollte in dem geistigen, so langsam und wunderbar bereiteten männlichen Samen lebendige Tiere gesehen haben, die dann denen, die sie erblickt, keinen Zweifel übrig ließen, daß diese alle kleine Menschen wären, die nur auf die Gelegenheit warteten, in den Ort zu gelangen, wo sie ihr kleines Leben erhalten und fortsetzen könnten. Da diese sogenannten Tierchen in unzähliger Menge sich zeigten, so war nach diesem Systeme es notwendig, daß tausend kleine Menschen verunglückten, ehe ein einziger so glücklich war, zum Dasein zu kommen. Aus diesem Grunde und aus der Bemerkung, daß auch in anderen flüssigen Dingen dergleichen bewegliche Körperchen schwammen, verließ man diese Hypothese bald wieder, und die kleine Menschenwelt ging in ihr Nichts zurück.

§ 29. Eine andere Zeugungstheorie war das sogenannte Einschachtelungs-System, nach welchem behauptet wurde, daß alle Menschen immer in kleinern Keimchen, einer in dem anderen, verborgen wären; aber in wie unendliche Kleinheiten müßte bei den Millionen, von Anbeginn der Welt, sich diese Keime verlieren, besonders wenn wir einen Menschen als den Urheber des ganzen Menschengeschlechts annehmen. Der millionste Teil eines millionsten Teiles, eines Punktes, wäre dann etwa der Raum, in welchem der Keim eines Menschen gelegen.

§ 30. Eine andere Partei nahm sich des schönen Geschlechts mit mehrerem Eifer an und legte in ihm den Hauptgrund zum Werden des Menschen. Es war das System der Ovisten, die die Eier in der Mutter annahmen, in welche der Keim zum Menschen in allen seinen, auch in den kleinsten Teilchen liege. Es waren auch darüber verschiedene Arten von Systemen und Abteilungen, die aber hier anzuführen, zu weitläufig und zwecklos sein würde.

§ 31. Aus allen Erfahrungen der Anatomen, Naturforscher und Ärzte aller Zeiten, scheint soviel gewiß zu sein, daß in der Mutter oder im zweiten Geschlechte, und zwar in den kleinen, im Eierstock derselben befindlichen Eiern, der Grundstoff zum Menschen liege, das heißt, durch die Reife des herangewachsenen Frauenzimmers, nachdem sie selbst ganz ausgebildet ist, eine neue Form zu einem Menschen in dem kleinen Ei gebildet werde, so wie sie selbst es vorher bei ihrer Mutter gewesen.

Dieses ist aber nicht so zu verstehen, als ob alle Teile des menschlichen Körpers schon vorher klein gebildet in den Eiern vorhanden, sondern es ist nur ein flüssiges Wesen vorhanden, welches, wenn es in Bewegung gesetzt ist, sodann alle Teile nach und nach, der Vorschrift der Natur gemäß, ausbildet, und den Menschen hervorbringt.

Dieses Inbewegungsetzen aber des hier erwähnten Flüssigen geschieht durch die Feuchtigkeit und den Stoff, welchen der Mann dazu beiträgt, und kann ohne diesen männlichen Beitrag schlechterdings nicht stattfinden.

§ 32. Ich kenne, um diese Operation im menschlichen Körper darzustellen, ein vielleicht passendes Sinnbild, wenn ich sie mit einem warmen Frühlingsregen vergleiche, der gleich im Augenblick allen in der Erde liegenden Samen eine Art von Bewegung mitteilt, vermöge welcher sie sich ausdehnen, auf beiden Seiten der Wurzel herabwärts und des Keimes heraufwärts thätig werden, und so zu dem schönen Gedeihen kommen, welches sie uns dann so herrlich darstellt. Der zukünftige Mensch ist in dem Eichen angelegt; dieses hat die Fähigkeit unter günstigen Verhältnissen zu einem vollständigen Individuum sich auszubilden. Doch diese allschaffende Kraft ist dem kleinen Eichen, wie durch einen Zauber gebannt; sie schlummert in ihm beständig und harrt des Momentes, wo der geheimnisvolle Zauberstab sie berührt; alsdann schwinden alle Fesseln, der Bann ist gelöst, und da, wo eben noch schauerliche Ruhe und öde Stille herrschte, zeigt sich plötzlich reges Leben. Der Zauberstab, der das große Wunder bewirkt und Leben in starre Masse, in rohen Stoff gebracht hat, ist der männliche Samen. Ihm wohnt die mächtige Eigenschaft bei, die Bewegung, in der er sich selbst befindet, und die man ihm durch das Mikroskop leicht ablauschen kann, eine Bewegung , die er mit vielen anderen organischen Gewebselementen teilt, - auch anderen Gebilden mitteilen zu können. So kommt lebendige Bewegung in die träge, nicht tote, wohl aber schlummernde Masse des Eies. Nicht Ei und Samen zusammen sind das Baumaterial, aus der ein neues Wesen sich aufbaut; das Ei alleine ist die Masse, die Bausteine; der Same dagegen ist der schaffende Genius, der geniale Baumeister, der aus dem formlosen Haufen ein organisch gegliedertes Ganze schafft. Hat er seine schöpferische Kraft zur Geltung gebracht, so geht er zu Grunde und zwar auf die selbe Weise, wie jede organische Substanz, die unbrauchbar geworden ist. So wie der Nerv, der nicht mehr fühlt und keine Bewegung mehr vermittelt, also funktionsunfähig geworden ist, im Fett sich metamorphosiert, so siecht ganz unter denselben Erscheinungen der Samen dahin, wenn er im weiblichen Eichen seine Bestimmung erfüllt, seine Aufgabe gelöst hat. Also der Samen wird nicht mit verwandt zur Bildung des Embryo; das Ei allein ist der Rohstoff. Was aber hat eine höhere Bedeutung in der animalischen Entwicklungsgeschichte, der rohe Stoff oder die schöpferische Kraft, die die Bewegung hergiebt?

§ 33. Sobald denn nun diese Bewegung in das kleine Ei, welches den Menschen, ich will nicht sagen, enthält, sondern bilden soll, hervorgebracht ist, so schlägt auch dieses Wesen seine kleinen Wurzeln in die ihm umgebende Mutter, und empfängt nun aus der Stelle, wo diese eingedrungen sind, die ihm nötige Nahrung, welche zuerst das Gehirn bildet, dann die übrigen Teile des Körpers. Der Embryo, der vorher einem kleinen schwimmenden Fische ähnlich sieht, empfängt nun den ersten Blutpunkt in der Gegend des Herzens, woraus dann dieses gebildet wird.

§ 34. Von diesem kleinen Blutpunkte aus, in welchem sich bald ein Pulsschlag bemerkbar macht, bilden sich nach und nach alle Adern, erst in roten Streifen und endlich in wirklichen Gefäßen.

Wirklich setze ich das Leben des Embryo in den Augenblick wo der Pulsschlag zuerst entsteht, denn durch diesen noch so unmerklichen Pulsschlag werden die Adern in dem kleinen, noch schleimigen Körper gebildet. Der erste Punkt Blut muß schon eine Bewegung haben, und durch diese Bewegung wird das Ader-System in dem kleinen Menschen weiter gebildet und fortgesetzt.

Daher denn alle die Fortwachsungen des ganzen Körpers. Eine genauere Beschreibung würde vielleicht angenehm sein, aber sie paßt nicht hierher.

Soviel ist gewiß, wenn man behauptet, daß das Kind erst dann lebe, wenn die Mutter die Bewegung desselben spürt, so behauptet man einen sehr falschen Satz, denn es ist nur dann der Mutter fühlbar, und den feinern Herzensschlag und die kleinern Bewegungen des zarten Geschöpfes kann sie nicht vernehmen. Nur wenn es so weit gediehen ist, daß es die äußern Wände seiner Wohnung berühren kann, ist ihr dieses bemerkbar.

Die Knochenpunkte des Kindes sind den Krystallisation-Punkten gleich, die sich bei Salzen, die man krystallisieren läßt, anzusetzen pflegen, und bei Kinderknochen sieht man ordentlich und förmlich das Strahlende auf dem Mittelpunkte zu nach allen Seiten hin, welches besonders bei den Knochen des Gehirns zu bemerken ist.

Alles dieses ist erst gallertartig, dann knorpelig, und wird endlich knöchern.

Arme und Beine wachsen beim Embryo wie Zweige hervor, und aus diesem allmählichen Entstehen ließen sich so manche Mißbildungen z. B. das Fehlen eines oder des anderen Gliedes, erklären, die man bei Kindern antrifft.

Ich will hier garnicht von den äußerlichen Verletzungen, und besonders von der Wirkung eines Stoßes oder Falles durch den Druck reden, deren Richtung wir unmöglich bestimmen und die hier ebenfalls nachteilig auf den Körper des Embryo wirken können; sondern ich glaube sicher, daß, so wie wir durch einen plötzlichen Schreck zuweilen eine Erschütterung auf ein Glied erhalten können, welches wie abgestorben uns scheint, wie wir eine plötzliche Dröhnung im Auge davon erhalten können, welche das Blut ins Weiße treten macht, sodaß auch durch eine Seelenerschütterung die Wirkungen auf den Körper der Mutter, sowie auf den des Embryo, hervorgebracht werden, und daß diejenigen, welche das Entstehen der Muttermäler dadurch ganz wegleugnen, dieses gewiß ohne zureichenden Grund thun.

Auch dieses näher zu erörtern, ist für diese Schrift zu weitläufig.

§ 35. Ohne sich hier in weitläufige anatomische Untersuchungen einzulassen, ohne mit den Streitigkeiten der verschiedenen Meinungen in Kollision zu kommen, kann man als das beste Resultat der Entstehung des menschlichen Körpers annehmen, daß diese der eines Huhnes im Eie nur mit dem Unterschiede gleiche, daß das Ei gleich den ganzen zu seiner Bildung nötigen Saft bei sich habe, jenes aber erst den Nahrungssaft von der Mutter empfängt. Man wird sich bei diesem angenommenen Glauben nicht übel befinden, und der Natur gewiß nicht aus dem Wege gehen.*)

---

*) Das Hühnerei ist das Analogon, an dem der Laie am häufigsten zum Verständnis der Zeugung und Entwicklung der höheren Tierklassen emporzuklimmen sucht. Mag es mir daher vergönnt sein bei diesem ein wenig zu verweilen und dabei den allerneuesten Standpunkt der Wissenschaft anschaulich zu machen. Das Hühnerei gleicht dem Ei des menschlichen Weibes, aber nur dem Eichen nach einer fruchtbaren Begattung, dem befruchteten Ei. Der durch die Begattung der Hühner injizierte Samen reicht aus, um eine größere Menge von Eichen zu gleicher Zeit zu befruchten. In dem von der Henne gelegten Ei hat die Thätigkeit des männlichen Samens seine Einwirkung auf die rohe formlose Masse bereits begonnen; untersucht man das Ei unter dem Mikroskop, so findet man im Dotter eine kleine eigentümlich geformte Partie, den sogenannten "Hahnentritt". Dieser kleine Teil im Ei ist allein Ei, alles übrige ist kein Ei. Die ganze übrige Masse des

Viertes Kapitel.

Von der Zeit, in welcher der Mensch daran denken kann den Zeugungstrieb zu befriedigen, ohne sich zu schaden.

§ 36. Es ist schon oben erwähnt worden, daß die Erhaltung der zur Lebens-Vollkommenheit gehörenden Säfte, welche zugleich zum Behuf der Fortpflanzung des Menschen erzeugt werden, ebenso wichtig sei, wie ihre Entäußerung, wenn sie im Überflusse vorhanden sind.

Hier ist also nun die Frage, wann sind diese Säfte so sehr im Überfluß vorhanden, daß sie eine Entleerung fordern, oder, um mich dieses Wortes noch einmal zu bedienen, wann haben beide Geschlechter das Recht, Ansprüche auf den Beischlaf zu machen?

Dotters und das gesamte Weißei ist bloß der Ernährung des Hühner-Embryos bestimmt. Das heißt: Die im Mutterleib begonnene Einwirkung des Samens auf das Ei ist vorläufig sistiert, keineswegs aber aufgehoben. Sobald es in günstigere Verhältnisse tritt, insbesondere, sobald es der erforderlichen Temperatur ausgesetzt ist, wird die begonnene, im Mutterleib angetretene Entwicklung rasch in der Außenwelt fortgesetzt. In der Außenwelt aber hat das Ei keine Mutter, die es, wie das menschliche Weib ihren Embryo, fort und fort bis zu seiner Geburt mit ihrem Herzblut speist. Der Hühner-Embryo muß also ein für allemal von seiner Mutter eine größere Mitgift bekommen, um davon die ganze Zeit bis zu seiner vollständigen Entwicklung zu zehren; die harte Schale um das Ei soll ihm seine Mitgift und später während der Entwicklung den ruhigen Genuß des mütterlichen Erbteils schützen. Darum auch das Hühnerei nach der Befruchtung so groß, das menschliche Ei so winzig klein!

§ 37. Die Meinungen über diesen Punkt sind auch verschieden genug gewesen. Manche setzen den Termin, in welchem man erst heiraten solle, zum dreißigsten Jahre hinaus. Andre, worunter auch noch neuere Schriftsteller sich befinden, setzen ihn ins achtzehnte bis zwanzigste beim schönen Geschlechte, beim männlichen ins zwanzigste bis vierundzwanzigste Jahr.

Ich sage, es findet hierin keine andere Norm statt, als die in den Kräften des Körpers und in den Verhältnissen zu seiner Lebensweise liegt.

Erst muß der Mensch selbst vollkommen ausgebildet sein, ehe er daran denken darf und soll, sein Geschlecht fortzupflanzen und selbst wieder zu bilden.

Für vollkommen ausgebildet aber ist weder der Mann noch das Weib dann bereits anzusehen, wenn gewisse zur Bildung eines neuen Menschen gehörige Veränderungen sich bei ihm zeigen und in ihm vorgehen, wenn die einem jeden bekannten Zeichen der sogenannten Mannbarkeit sich einstellen; dieses ist nur ein Beweis, daß der Körper so weit vollkommen ist, daß ihm die Vollkommenheit reproduzieren zu können, nur noch abgeht; aber nicht, daß sie schon in ihrer eignen Vollkommenheit, zu reproduzieren, da ist.

Der Mensch ist in Ansehung der Fortpflanzung seines Geschlechts so gut als tierisch, wie die anderen lebenden Kreaturen zu betrachten, und man sollte nur zu einer glücklichen Ehe solche Individuen wählen, welche, wenn auch nicht immer regelmäßig schön, doch aber von dauerhafter Gesundheit sind. Eine junge Dame, welche sich verheiraten und eine gesunde, kräftige Nachkommenschaft mit ihrem Manne erzielen will, wähle sich einen Gatten von mittlerer Statur, kräftigem, gedrungenem und muskulösem Körperbau; lange hagere Männer sind nicht mit großer Zeugungskraft begabt, bringen auch selten geistreiche und wohlgebildete Kinder zur Welt. Männer mit braunem starken Haar und schönen Backenbärten, dichten Augenbrauen, langen und wohlgespaltenen Augenlidern, rundem vollem Kinn und vollen Wangen, sind gewiß fähig, starke und wohlgebildete Kinder zu zeugen; ferner sehe die Dame bei der Wahl des Gatten auf lebhafte, feurige Augen, rote Lippen, bewegliche, ausdruckvolle Gesichtszüge, auf eine gewölbte Brust, weder zu kurzen, noch zu langen Hals, starke, breite Schultern, kräftige Arme, auf einen wohlgerundeten Bauch, der auch auf eine gute Verdauung und durch diese auf eine gute Zeugungskraft deutet. Übermäßig starke Schenkel beurkunden nicht immer eine starke Zeugungskraft, vielmehr ist zu starke Korpulenz ein Zeichen von geringem Zeugungsvermögen. Männer, welche in der Jugend viele Exzesse, sowohl im Reiche der Venus, als auch des Bacchus, ausgeübt haben, werden selten gute, brauchbare Ehemänner; sind sie aber noch außerdem schwächlich und fühlen sich nach Ausschweifungen sehr angegriffen, so ist den Damen wenig mit solchen Liebesgöttern gedient.

Edle Haltung, stolzer, ungezwungener Gang, Leichtigkeit in allen Körperbewegungen, selbst bei angestrengten Arbeiten, liefern einen richtigen Beweis von der Übereinstimmung aller Organe; ein solcher Mann ist gewiß zeugungsfähig. Männer, deren Bewegungen langsam und schwerfällig sind, die eine schwache Stimme haben, an Körperschwäche leiden, sind auch schwach an Charakter, Energie und Zeugungskraft. Zu große Magerkeit ist ein Zeichen von schwacher Verdauung; aber auch zu stark organisierte Männer sind selten ganz gesund und kräftig, besonders wenn sie noch dazu ein phlegmatisches Temperament haben. Die Männer von sanguinischem Temperament sind sehr feurige Liebhaber, sie zeichnen sich durch rote Gesichtsfarbe, Lebhaftigkeit in allen Bewegungen, geistreiches, liebenswürdiges Gemüt, aber auch durch Leichtsinn, Unbeständigkeit und Vergnügungssucht aus.

Männer mit nervösem, blassem, schwächlichem Habitus, von großer Empfindlichkeit und Nervenreizbarkeit, geben nicht die besten Ehemänner ab; so auch haben die riesigen, athletischen Figuren eben keine große Neigung zum schönen Geschlechte. Das galligte Temperament, durch braune Haare und Haut sich andeutend, zeigt Eifersucht, Eigensinn, Ehrsucht, Liebe zum Studium an. Am allerwenigsten aber ist ein Mann lymphatischen Temperaments, mit blonden Haaren, blauen Augen, glatten, ausdruckslosen Gesichtszügen, als guter Ehegenoß, in Ansehung physischer Kraft, zu betrachten. Wo daher eines dieser genannten Temperamente zu sehr ausgebildet erscheint, da kann man annehmen, daß derjenige, welcher solches an sich trägt, zu Krankheiten, die dem entsprechen, geneigt ist. Sanguinische Männer können zu Blutschlag, Brustentzündungen, nervöse zu Nervenkrankheiten, muskulöse zu Rheumatismen, Gicht, gelbsüchtige zu Magen-, Leber- und Eingeweide-Entzündungen, und lymphatische zu Skrofeln, Drüsenkrankheiten, Wassersuchten Anlage haben. Das beste Mannesalter zur Erzeugung einer kräftigen Nachkommenschaft ist immer vom zwanzigsten bis zum dreißigsten Jahre.

Nachdem wir einige Eigenschaften, welche zu einem guten Ehemann erforderlich sind, und andererseits auch solche Eigenschaften angedeutet haben, welche nicht dazu gehören, wollen wir nun auch einen Blick auf das schöne Geschlecht werfen. Frauen mit großen Köpfen sind herrschsüchtig. Man wähle sich eine Frau, welche in der Haltung des Kopfes etwas Edles, Bescheidenes hat, besonders wenn ihr Haarwuchs stark, lang, weich und von kastanienbrauner Farbe ist. Bei Frauen der Art paart sich Sanftmut mit Stärke. Die schönen Blondinen sind aber auch nicht zu verachten; denn ihre Haupteigenschaften sind Umgänglichkeit, Gelehrigkeit, Hingebung. Braune und schwarze Haare verraten Geist, Feuer, Lebhaftigkeit; dagegen sind aber die Brünetten unbezähmbarer, haben Hang zu Despotismus. Rothaarige sind nicht geschickt schöne Kinder zu gebären.

Die Blondine hat meist blaue Augen, die Brünette schwarze oder braune Augen. Das Auge ist der Spiegel der Seele; man sehe daher auf ein lebhaftes, geistreiches und zugleich Zärtlichkeit und Bescheidenheit ausdrückendes Auge. Frauen oder Mädchen mit blauen Ringen unter den Augen haben oft heftige Leidenschaften, innere Traurigkeit und sind zu Ausschweifungen geneigt, wenn diese blauen Ringe nicht von ausgestandenen Krankheiten herrühren. Die Frau muß einen kleinen rosenroten Mund haben; blasse Lippen, wenn sie besonders nicht ganz geschlossen sind, bleiches Zahnfleisch, sind Zeichen einer schwächlichen Gesundheit.

Bärtige Frauen sollen der Wollust sehr ergeben sein, und nicht die Sanftheit des Charakters, welche des Weibes Zierde ist, besitzen.

Ein ovalrundes Gesicht, ohne Ecken und Vertiefungen, ist eine Hauptbedingung weiblicher Schönheit. Ein hervorstehendes Kinn ist der Schönheit nachteilig, so auch stark ausgeprägte Züge. Ein zu langer Hals, besonders wenn er mager und eckig ist, nicht die sanfte Rundung, wohl gar eine zu deutliche Markierung des Kehlkopfes hat, ist ein widriger Anblick; noch häßlicher ist er, wenn bei Gemütsbewegungen die Muskeln und Adern anschwellen, was eine heftige, zornige Frau verrät. Eine Frau mit zu enger Brust, hervorstehenden Schultern und Hüften, zeugt keine schönen Kinder, sie ist zur Schwindsucht geneigt, muß schwere Geburten abhalten. Ein flacher eingedrückter Bauch verräth schlechte Verdauung und geringe Zeugungskraft; dagegen wähle man eine schlanke, wohlgerundete Frau mit breiten Hüften, starken Schenkeln, vollem Busen, schön gerundeten Armen, zur Lebensgefährtin; sie darf aber nicht zu groß sein, weil sie erstlich dann nicht schön ist, zweitens schwer gebärt; ist sie dagegen zu klein, so bringt sie oft Mißgeburten zur Welt. Die mittlere Statur ist also die beste.

Die Temperamente kommen bei Weibern ebenfalls in Betracht, und man beobachte, als Mann, dieselben Rücksichten, wie solche dem schönen Geschlechte bei der Wahl eines Mannes zu beobachten obliegen.

Das beste Alter zur Verheiratung der Frau ist vom achtzehnten bis zum dreißigsten Jahre. Zeugungsfähig sind die Frauen bis ins vierzigste, ja oft bis ins fünfzigste Jahr, wo gewöhnlich die Monatsregeln aufhören. Zu den Schönheiten der Frauen gehört, außer den genannten, auch noch ein kleiner, niedlich geformter Fuß; wenn derselbe noch mit einer angenehmen, weichgerundeten Gliederfülle, schönem Gesicht, Anmut, Anstand u.s.w. verbunden ist, wozu sich auch noch ein sanfter Charakter, Lebhaftigkeit u.s.w. gesellen, so hat man ein schönes Frauenzimmer vor sich.

Die ersten Zeichen der Mannbarkeit zeigen bei beiden Geschlechtern nur an, daß sie fähig werden ihr Geschlecht fortzupflanzen.

Das Dasein des männlichen Samens (sperma), selbst der zufällige Verlust desselben, ist noch kein Beweis, daß er im Überflusse da sei und Entleerung verlange. Krankheit kann ihn verlorengehen machen, Reiz ihn vor der Zeit hervorlocken.

Der Eintritt der Blüte beim schönen Geschlechte ist kein Beweis der Notwendigkeit der Befriedigung des Geschlechtstriebes, wenn auch der Reiz dazu da ist, denn er kann auf eben die Art hervorgelockt werden; sondern dadurch wird nur bewiesen, die Natur will nun anfangen, das Mädchen zur Zeugungsreife zu vervollkommenen.

§ 38. Ich will daher gern zugeben, daß, wenn alle Menschen auf dem ganzen Erdboden nach einerlei Norm lebten, man vielleicht, und doch auch nicht ohne einige Ausnahmen, ein gewisses Jahr für die Erfüllung des Vermehrungstriebes annehmen könnte.

Allein bei unserer so verschiedenen Art zu leben muß hierauf Rücksicht genommen werden.

Bei unserer so verschiedenen Art von Erziehung muß auch auf diese das Augenmerk gerichtet bleiben.

Selbst der Weg der Natur ist in der Schöpfung des Menschen so verschieden, daß es jetzt fast unmöglich ist zusagen: die und die Jahre sind die Jahre der Mannbarkeit.

Selbst die Zeichen der Mannbarkeit wechseln jetzt auf eine so außerordentlich verschiedene Art. Das 12te Jahr giebt oft bei einem Mädchen schon die Beweise davon, indessen das andere im 17ten und 18ten Jahre noch vergebens hofft. Noch früher fühlen oft Knaben Spuren von Mannbarkeit.

§ 39. Ohne uns hier in die weitläufigen moralischen und unmoralischen Ursachen davon einzulassen, glaube ich einen guten Mittelweg einzuschlagen, wenn ich ein Mädchen zwei Jahre nach dem Eintritte ihrer Blüte d.i. der monatlichen Reinigung, als fähig erkläre, reproduzieren oder zur Bildung eines Kindes ohne ihren Schaden das Ihrige beitragen zu können. Ich nehme hier immer keinen Zustand von Kränklichkeit an. Es giebt Frauenzimmer, die als Kinder schon von der Krankheit der unechten Blüte befallen werden, und bei diesen ist der Eintritt der natürlichen Blüte gewöhnlich frühzeitiger, weil die Natur auf diesem Wege das andere Unnatürliche zu entfernen sucht.

Diese kränkeln aber oft mehrere Jahre. Auch fehlen ihnen gewöhnlich andere zur Zeugungsreife notwendige Dinge, zum Beispiel die Entwicklung des Busens.

Nur ein von allen Seiten vollkommenes Frauenzimmer, das völlig ausgewachsen ist, wozu ich eine angemessene Körperfülle sowie auch besonders die Ausbildung des Busens rechne, kann zwei Jahre nach dem Eintritte ihrer Blüte, mit Recht Anspruch auf die Freuden der Ehe machen, und die Pflichten, die mit derselben verbunden sind, erfüllen.

§ 40. Bei dem Manne ist der Zeitpunkt viel schwerer zu bestimmen. Da ihm noch eine andere Sorge obliegt, die beim Weibe nicht stattfindet, nämlich die Sorge der Ernährung der Frau und Kinder, da er zu den Geschäften und der Arbeit, wozu er bestimmt ist, sein Stand sei welcher er wolle, mehr Kraft, Vollkommenheit und Ausbildung bedarf, so ist wohl gewiß anzunehmen, daß er vor dem zwanzigsten Jahre nicht an die Befriedigung des Geschlechtstriebes denken sollte, wenn er nicht seinen

Zweck verfehlen, seiner Gesundheit schaden und sein bestimmtes Lebensziel verkürzen will.

§ 41. Es giebt in allen diesen Fällen Ausnahmen. Landleute können eigentlich länger die Befriedigung des Geschlechtstriebes aufschieben, weil die immerwährende Arbeit, welcher sie sich widmen müssen, ihnen nicht die Zeit läßt, früh keimende Entwicklungen des Gattungstriebes aufzumuntern, und durch Einbildungskraft oder gesuchten Reiz zur Vollkommenheit zu bringen. Auch fehlt bei ihnen das lockende Anziehende, womit beide Geschlechter in Städten, und besonders großen Städten, sich gegenseitig zu reizen suchen. Den leichteren Drang, der hier schon fast unmöglich wird, übersieht der Landmann leicht, und der stärkere, ganz der Mannbarkeit angemessene Drang ist es, der ihn zuletzt zur notwendigen Befriedigung des Gattungstriebes anspornt.

§ 42. Man sehe daher immer auf die Verhältnisse, in welchen die jungen Heirats-Kandidaten leben. Einem sechzehnjährigen Mädchen, welches alle Eigenschaften einer Hausfrau und Mutter schon in sich reif fühlt, und welches in einem Zirkel von Männern lebt, die ihre Einbildungskraft immer erhitzen und anfeuern, bloß deswegen verbieten, zu heiraten, weil es erst 18 oder 20 Jahre alt werden soll, wäre ein schrecklicher Eingriff in ihre Rechte, und wenn sie ihre Forderungen auf einem unrechtmäßigen Wege geltend macht, so ist sie immer weniger strafbar, als diejenigen, welche ihr auf eine unverantwortliche Art ihre Rechte schmälern.

Ich nehme hier an, daß wirklich deswegen eine anständige, passende, wenn auch keine brillante Partie ausgeschlagen wird; denn es wäre auch von dem Mädchen thöricht, zu verlangen, daß man sie durchaus verheiraten solle, ohne daß die Gelegenheit dazu denen erwünscht scheint, die ein Recht haben, über ihre Hand zu verfügen.

§ 43. Eine andere Ursache der verzögerten Heirat kann ein schwacher Körperbau abgeben, besonders Nervenschwäche, die wir so oft bei jungen Mädchen antreffen.

Es läßt sich dieses nicht sowohl auf die Wirkung der Befruchtung anwenden; denn wenn diese wirklich stattgefunden, so würde der Erfolg immer heilsam für den Körper sein, da nach meiner Meinung in den gehörigen Jahren Schwangerschaft und Kindbett immer zur Vervollkommnung des Körpers beitragen. Allein muß man nicht fürchten, daß die neu hinzutretende Geschlechtsbefriedigung auch den entgegen gesetzten Erfolg haben könne, als den erwarteten, nämlich Überreizung? Würde man nicht in solchem Falle Öl ins Feuer gießen? Der Arzt, der viel von nervösen Damen zu ertragen hat, wird am besten wissen, wie schwer sich ein derartiger Fehler rächen kann. Bei diesen, meist äußerst schwachen Frauen muß jeder neue Reiz auf das Gewissenhafteste abgewogen werden, ob er heilsam oder ob er unpassend sei, ob er die vorhandene Nervenreizbarkeit vermindern oder im Gegenteil noch erhöhen kann. Gerade in unserm Jahrhundert, wo das geistig bevorzugte und mit der üppigsten Phantasie begabte Mädchen oft in die einförmigste Ehe treten muß, wirkt die neu hinzugetretene Geschlechtsthätigkeit vielfach dahin, daß sie schlummernde, sehr hartnäckige Krankheiten heraufbeschwört, in denen leicht der letzte Rest von Energie und Spannkraft verloren geht. Mögen daher Eltern bei der Verheiratung nervös reizbarer Töchter besonders vorsichtig sein und nur in eine ihr Kind völlig befriedigende Partie einwilligen. Wollen sie bei solchen Töchtern ihrem eignen Kopf störrisch und eigensinnig nachgehen, dann werden sie es stets zu bereuen haben.

§ 44. Es lassen sich daher hier von keiner Seite bestimmte Jahre angeben, da die äußerlichen und innern Verhältnisse so sehr verschieden sind, und die Temperamente in dieser Sache und Bestimmung so vieles ändern.

Man findet Frauenzimmer von 16 Jahren, die nach der Sättigung dieses Naturtriebes verlangen, indessen andere im 20sten Jahre noch wenig Neigung dazu fühlen. Ebenso ist es von seiten des männlichen Geschlechts. Ich habe junge Leute, und mehrere von 18-20 Jahren gekannt, die gar keine Neigung fürs schöne Geschlecht fühlten, indessen bei andern sich diese Trieb auch ohne Anregung schon im 16ten Jahre so dringend einfand, daß sie ihm nicht widerstehen konnten.

§ 45. Man gestatte mir hier eine kleine, weniger physische Erinnerung.

Es suche der Vater und die Mutter vom Sohne und der Tochter ein freundschaftliches Vertauen zu erlangen, sodaß diese ihnen ihre Wünsche und Triebe als Freunde entdecken. Oder wenn Eltern aus irgend einer Ursache es nicht können, so sehen sie zu, einen Freund und eine Freundin ihren Kindern zu verschaffen, welche ein solches Geständnis ihrer Gefühle von ihnen auf eine anständige Art zu erhalten trachten, und sie werden dann bald Notwendigkeit oder Nichtnotwendigkeit von Maßregeln einsehen, die sie in Ansehung ihrer Kinder zu befolgen haben.

§ 46. So schädlich ein zu frühzeitiger Genuß dieses Naturgeschäftes ist, ebenso nachteilig kann ein zu lange aufgeschobener werden, und sowie frühreife Mädchen, die zu bald in die Geheimnisse der Ehe eingeweiht werden, besonders in dem Falle, wenn sie nicht fruchtbar sind, gar zu leicht in alle Krankheiten aus Schwäche verfallen, eben so sehr sind Personen, die die eheliche Verbindung zu weit hinaussetzen, Überreizungen von ihrem Temperamente, und daraus endlich entstehender indirekten Asthenie und ihrem ganzen Heere von schnell tödlich wirkenden Folgen ausgesetzt.

Das medium tenuere beati ist hier sehr zu beherzigen, da so oft von der zu frühen Befriedigung dieses Triebes, desgleichen von zu langem Aufschub vielfach die gesamte Entwicklung aller übrigen Organe abhängig ist.

§ 47. Indessen muß man auch hierbei nicht zu ängstlich sein, besonders braucht man sich keine Gewissensbisse zu machen, wenn man zu lange wartet. - So lange keine heftigen Wallungen im Blute, kein unüberwindlicher Drang, keine häufigen Ergießungen des Samens im Schlafe erfolgen, solange keine andern kränklichen Umstände eintreten, ist an keinen Nachteil für die Gesundheit zu denken. Bei denen, die zu früh begonnen, ist das Beste, stufenweise sich davon zurückzuziehen.

Selbst bei schon erschienener starker Neigung zu diesem Begattungsakte kann man, wenn die Verhältnisse seine Befriedigung nicht rechtmäßig erlauben, auf Mittel denken, Körper und Seele von dieser sonst peinigenden Idee abzuwenden. Besonders sind Veränderungen in den gewöhnlichen Beschäftigungen, auch wohl Veränderungen des Wohnortes anzuraten. Neue Gegenstände machen Seele und Körper aufmerksam und beschäftigen sie so sehr, daß. wenn das Nachdenken oder irgendeine Art von

Beschäftigung unsern Geist und unser Gemüt in Anspruch nehmen, die Aufmerksamkeit der Geschlechtssphäre entzogen wird. Unter normalen Verhältnissen aber wird der Hode um so weniger Samen absondern, je weniger wir auf unser Geschlechtsleben aufmerksam sind.

Ein zu frühzeitig sich einstellender Geschlechtstrieb rührt öfters von krankhafter Reizung der Zeugungsorgane her. Würmer können eine Ursache abgeben. Oft sind Skrofeln, krankhafte Reize im Unterleibe, angeborene Hypochondrie und Hysterie, widernatürliche Vollblütigkeit der Gefäße des Unterleibes Grund und Ursache zu einem frühzeitigen und übermäßigen Geschlechtstrieb, wogegen sich allerdings viel thun läßt. Eine gute physische Erziehung bei kräftiger physischer Herkunft, Vermeidung aller zu nahrhaften Speisen und erhitzenden Getränke, thätige arbeitsame Jugend, viel Bewegung in freier Luft, Reisen, körperliche Anstrengungen, Mäßigkeit in allen materiellen und geistigen Genüssen, Ruhe und Zufriedenheit der Seele, Baden im Flusse, Waschen der Zeugungsorgane mit kaltem Wasser, das Trinken des kalten Wassers, sind imstande, das krankhafte, aufgeregte Geschlechtsleben zu mäßigen. Wenn man aber diesem widernatürlichen Kitzel nachhängt, wohl gar ihn durch üppige, phantastische Bilder, schlüpfrige Romanlektüre und den Anblick von Gemälden wollüstigster Art zu nähren sucht, so wird man ein Sklave seiner Leidenschaft sein und bleiben, zuletzt den Stürmen, die man nicht zu beschwören vermag, erliegen.

Fünftes Kapitel

Von dem Maße, in welchem der Mensch den Zeugungstrieb befriedigen kann, von der Zeit, in welcher dies am besten geschieht, und der Art und Weise, wie das Geschäft vorzunehmen.

§ 48. So wie bei allen übrigen körperlichen und selbst geistigen Funktionen des Menschen ein gewisses Maß zu beobachten ist, will man diese Funktionen recht lange ungeschwächt erhalten, und dabei gleichzeitig dem gesamten Organismus keinen Schaden zufügen, so ist dies auch bei der in Rede stehenden Geschlechtsverrichtung notwendig und bei dieser um so notwendiger, als sie mit der Gesamtgesundheit in innigerer Beziehung steht, als irgend eine andere.

Im allgemeinen läßt sich wohl soviel annehmen, daß dieses Geschäft ein unschädliches für den Körper ist, wenn es bei voller Gesundheit vorgenommen wird, wenn es nach der Endigung keine Ermattung und kein Übelbefinden zur Folge hat.

§ 49. Das alte Sprichwort: Omne animal post coitum triste, läßt sich eigentlich nicht auf den Menschen anwenden; denn wenn die Befriedigung dieses Triebes bei vollen Kräften, mit einem angenehmen Gegenstande, in der dazu erforderlichen Bequemlichkeit geschieht, so ist es nichts weniger als ein trauriges Geschäft, läßt keine unangenehme Empfindung, geschweige denn Traurigkeit zurück.

Warum sollte auch die Natur einem Triebe, welcher zur höchsten Glückseligkeit des Menschen gehört, eine unangenehme Nachempfindung gegeben haben, warum der so reizenden Arbeit, sich wieder zu bilden, eine Traurigkeit beigefügt haben, die den Genuß verbittern müßte?

Aber das gebe ich gerne zu, daß, wer übermäßig sich der Geschlechtslust hingiebt, die unangenehmen Wirkungen an Körper und Seele gewahr wird, die jeder übermäßige Genuß mit sich bringt. Diese nachteiligen Wirkungen bestehen hauptsächlich in der Erschlaffung und Überreizung, welche auf Unmäßigkeit im Essen, Trinken, im Arbeiten sowie in der Körperbewegung, der Zerstreuung und besonders in sinnlichen Genüssen folgt.

§ 50. Meine vieljährige Erfahrung und die Geständnisse so vieler meiner Kranken haben mich eine solche Verschiedenheit kennen gelehrt, daß der Eine jeden Tag im stande war, diesen Trieb zu befriedigen, das heißt, in Zeit von 24 Stunden einmal, ohne seiner Gesundheit dadurch den geringsten Schaden zuzufügen, indessen der Andere von einem Male in der Woche schon Unannehmlichkeiten empfand, und doch waren beide, dem Anschein nach, gesunde Menschen.

Allein ihre Säfte-Masse hatte eine andere Richtung und nur diese kann es bestimmen, ob der Trieb zur Begattung öfterer oder seltener befriedigt werden kann. Wer viel mit dem Kopfe arbeitet, hat gewöhnlich eine größere Richtung seiner Säfte dahin, und wird daher minderen Drang fühlen den Gattungstrieb zu befriedigen. Man vergesse nicht, daß hier immer von gesunden, nicht von kränklichen Menschen die Rede ist.

§ 51. Wir wollen hier noch einige Regeln geben, welche jeden über die so notwendige Mäßigkeit in dieser Beziehung aufklären sollen.

1. Man halte nicht jeden Reiz, der die Geschlechtslust aufregt, für eine Aufforderung, den Beischlaf zu vollziehen.

Wird dieser Reiz durch einen äußeren Gegenstand hervorgebracht, so ist es nur ein Beweis unserer Empfänglichkeit für das Schöne, eine Gabe der Natur, die wir ihr danken und gleich so mißbrauchen müssen, daß unsere Empfänglichkeit für diesen Genuß sich abschwächt.

Im Gegenteil, ich glaube, daß dergleichen Wallungen, die schnell vorüberzugehen pflegen, lieber unterdrückt werden müssen, weil das Zurückgehen der Zeugungsstoffe in unser Blut eine Reproduktion für Seele und Körper hervorbringt, die auf unsere Gesundheit einen stärkenden Einfluß hat. Mehrere haben mir die von mir selbst gemachte Erfahrung bestätigt, daß solche aufwallende Gefühle, wenn sie unterdrückt wurden, eine Heiterkeit, eine Stärkung gewährten, die ich nicht bloß auf das Vergnügen ein recht hübsches junges Mädchen, das uns gefällt, gesehen zu haben, sondern mehr auf Rechnung einer moralischen Befriedigung, wie sie jedesmal unsre Siege über uns selbst begleitet, bringen möchte.

2. Man nehme es sich fest vor, den Geschlechtsakt nie zwei oder gar mehrere Male hinter einander vollziehen zu wollen. Wenn man seine Gesundheit lieb hat, so lasse man sich durch nichts dazu verleiten.

Es entstehen doppelte Übel daraus. Einmal schwächt man sich durch die Wiederholung wohl sechsmal mehr, als durch die erste Erfüllung. Zweitens läßt man der Natur nicht Zeit, das Verlorene wieder zu ersetzen, und drittens erschlafft man die Gefäße so sehr, daß sich Säfte dahin ziehen, die eigentlich nicht dahin gehören. Infolge einer solchen Anstrengung entsteht nicht nur Schwäche, sondern öfters auch ein anhaltender Schleimausfluß aus der Harnröhre.

3. Man übe den Begattungsakt nie in einer unbequemen Lage, namentlich nicht im Stehen aus, denn nichts schwächt und strengt den Körper mehr an, als die Befriedigung des Geschlechtstriebes in einer solchen Stellung.

Bei diesem angreifenden Geschäfte soll jeder Teil des Körpers, außer den dazu bestimmten, ruhen. Es soll mehr eine Nervenaktion, als eine Muskelanstrengung sein, und bei dem Stehen ist gerade eine große Muskelgruppe sehr stark in Anspruch genommen.

Nach aller Ärzte Meinung ist wohl die Art und Weise, den Beischlaf auszuüben, dem Menschen am angemessensten und bequemsten, wenn Brust auf Brust und Arm in Arm die Begattung geschieht; der Akt wird durch die Zulassung des Kusses um Vieles veredelt; nur in solchen Fällen, wo der weibliche Muttergang zu lang und das männliche Glied zu kurz ist, mag eine Ausnahme stattfinden und der Akt der Begattung nach Art der Tiere eingerichtet werden. Das Weib bringt sich in eine Positur mit erhobenen Lenden und niedergebeugtem Haupte; der Mann übt demnach von hinten den Akt aus, und wird auf diese Weise der Mutterkanal um einen Zoll verkürzt und dem männlichen Gliede zugänglicher. Nie aber möge diese Art, das Zeugungsgeschäft auszuüben, als feine Raffinade oder um sich durch Veränderung zu ergötzen, in Gebrauch kommen; solch ein Verfahren erweckt zuletzt Ekel und Abneigung, und eine tugendhafte Frau gestatte dem Manne nie einen solchen Anfall von Übermut. Doch arte aber auch eine etwaige Laune des Weibes nicht aus; sie versage dem Manne nie den mäßigen Genuß der Liebe, wenn er mit Bescheidenheit darum bittet, noch lasse sie unedle Motive mit ins Spiel kommen, ihm aus diesem Grunde die Ausübung ehelicher Zärtlichkeit zu versagen. Sollte sie auch wirklich einmal nicht aufgelegt sein, so suche sie sich zu bezwingen, und äußere nicht etwa Unwillen oder Abscheu; sie riskiert dabei, daß der Mann außer der Ehe Entschädigung für entbehrte Genüsse sucht. Noch weniger möge sich religiöse Andächtelei in eheliche Dinge mischen. Auf der anderen Seite stiften zu weit getriebene Gefälligkeiten, wohl gar Anreizungen von Seiten des Weibes, noch mehr Unheil und erwecken Ekel beim Manne.

Ein Händespiel ist unnütz und entwürdigt da, wo zärtliche Zuneigung hinlänglich da ist. Doch giebt es Ausnahmen von der Regel, und zwar da, wo ein oder der andere Teil zu phlegmatisch ist und durch eine hier erlaubte Anreizung in Feuer gesetzt werden muß.

4. Man erfülle diesen Trieb nur mit einer Person, die man gern hat. Es ist dieses, sowie die übrigen erwähnten Dinge, ein Hauptbedingnis, um das Angenehme ganz zu fühlen, was die Natur hineinlegt.

§ 52. Diese letzte Bemerkung besonders führt uns auf einen Punkt, den das schöne Geschlecht so sehr beherzigen sollte. Wenn doch eine Frau sich bemühte, immer ihrem Manne die Geliebte zu bleiben! Wenn sie doch mit der Frau nie die billige Gefallsucht des Mädchens ausziehen wollte! Wenn sie doch mit ihren Reizen gegen ihren Gatten eben sosehr geizte, wie sie es gegen den Liebhaber that! Aus der Fülle des weiblichen Schatzes soll sie immer etwas aufheben, um ihrem Manne stets neu zu werden. Dann wird sie ihn ewig fesseln.

§ 53. Man mache nie die Befriedigung des Geschlechtstriebes zu einem Geschäfte der Wollust. Man suche nie neue Arten von Reiz auf, um den Genuß zu vermehren. Die einfachste Befriedigung ist ausgemacht immer die schönste, weil sie ganz der Natur entspricht, die, in wie unendlichen Veränderungen und Abweichungen sie sich auch gefällt, doch immer unsere Lehrmeisterin in Einfachheit und ungekünstelter Art sein könnte.

Auf diesem einfachen Wege findet kein Reiz zur Unnatur statt, die Kräfte bleiben und werden so zu sagen, noch vermehrt.

Es giebt eine Reihe von Jahren, in welchen diese Befriedigung stärkt, erhält, verschönert. Der Saft der verloren geht, muß verloren gehen, um anderen Platz zu machen, der schon im Körper verbreitet ist.

Man sieht leicht selbst ein, daß, je nachdem der Körper viel bereitet, je nachdem wenig zur Erhaltung des Körpers, der einmal voll und fest ist, nötig ist, je nachdem nicht viel auf anstrengende Bewegung, auf Geistesarbeiten davon erfordert wird, um so mehr auf das Zeugungsgeschäft verwendet werden kann.

§ 54. Wir kommen jetzt auf einen Punkt der Mäßigung bei diesem Geschäfte, worüber strengere Menschen vielleicht meine Meinung tadeln werden.

Ich meine den, ob man bei schon geschehener Befruchtung verbunden sei, sich der Geschlechtslust gänzlich zu enthalten.

Der Theologen größter Teil ist für diese Enthaltsamkeit gestimmt, der Arzt aber muß aus dem Gesichtspunkte die Sache betrachten, die den Körper und nicht die Seele betrifft. Es mag gut und schön sein, sich sagen zu können, du hast dieses moralische Opfer gebracht. Aber wenn ich dadurch einen siechen Körper bekomme, so habe ich immer noch nicht moralisch gehandelt; denn ich habe mir und denen geschadet, für die ich zu sorgen habe.

Der sechste Paragraph dieses Werkes hat schon einen kleinen Wink darüber gegeben. Die verlorenen Säfte kommen nicht in Anschlag; denn Jahre gehen zuweilen hin, ehe eine Frau fruchtbar wird, und alles dieses wäre verschwendet? Die Unmöglichkeit der ferneren Befruchtung kann auch kein Hindernis abgeben; denn das Leben des Kindes, oder der zukünftige Mensch, liegt weder im Safte des einen noch des anderen Geschlechts, den sie bei jedem Geschäfte verlieren.

§ 55. Bei den Frauenzimmern ist der Reiz zur Befriedigung dieses Triebes während der Zeit, wo sie den Embryo bilden und nähren, oft dringender. Ich rede hier vom Allgemeinen, besondere Fälle sind Ausnahmen. Warum sollte die Natur einen Trieb ausgerechnet dahin gelegt haben, wo sie ihn nicht befriedigt wissen wollte? Ist nicht vielleicht eine Ausleerung ihres zu verlierenden Saftes gerade das, was um ihres Reizes willen hervorgebracht werden soll?

Von der Wallung im Blute können wir keine nachteiligen Folgen erwarten. Es ist zu bekannt, daß der Embryo seinen besonderen Blutumlauf hat, der mit dem der Mutter nicht in Verbindung ist.

§ 56. Der Same des Mannes wird, wenn er überflüssig da ist, auf diese oder jene Art ausgeleert. Entweder entleert ihn die Natur im Wege der Ergießung, was den Körper mehr schwächt, als die naturgemäße Befriedigung des Geschlechtstriebes, oder der Same geht ins Blut zurück und wird durch andere Wege ausgeführt, und dadurch der gesamte Organismus in mehr oder minder große Mitleidenschaft versetzt. Es ist zu weitläufig, hier die ganze Reihe von Übelbefinden des Körpers herzuzählen, die darauf folgen können.

Man bleibe also bei dem Wege, den die Natur durch den Reiz uns vorschreibt, und man wird den rechten Weg gehen. Nur verfahre man hierin so mäßig als möglich, wie jedes Ehepaar es ohnehin thun wird. Man nehme sich vor, sich nicht dazu aufzumuntern; aber man mache sich auch keinen Skrupel, wenn der Fall eintritt, wo beider Teile Leidenschaften siegen.

§ 57. Es ist ohnehin für den Mann hart genug, wenn er nach dem Kindbett der Frau so lange sich enthalten muß; denn hier gestehe ich gern, daß zwei Monate und noch besser drei Monate, eigentlich die Enthaltsamkeit dauern soll.

Man könnte mir einwenden, wenn diese Enthaltsamkeit drei Monate ausgehalten werden kann, so könnte sie es auch ein Jahr.

Ich rede hier auch nicht von der Möglichkeit und dem Können, sondern von der Wirkung. Ein Übel, welches drei Monate einen Menschen angegriffen, ist nicht so schwer wieder zu heben, als wenn es ein Jahr der Fall gewesen ist.

Während also die Frau die Frucht der Liebe ihres Mannes trägt, gewöhne sich dieser immer nach und nach von ihr ab, so werden ihm dann die drei Monate gänzlicher Enthaltsamkeit nicht so schwer fallen.

§ 58. Der nämliche Fall findet während des Stillens statt. Die mäßige Befriedigung des Geschlechtstriebes schadet weder dem Säuglinge, noch der Stillenden. Nur wird die Stillende wohlthun, wenn sie den Säugling nicht gleich nachher an die Brust legt, und ihr Blut erst wieder in Ruhe kommen läßt.

§ 59. Die Zeit, in welcher es am zuträglichsten ist, dieses Geschäft zu verrichten, ist auch ein Gegenstand verschiedener Meinungen gewesen. Eigentlich tritt hier das Verhältnis der Umstände eben so gut ein, als bei der Periode des Anfangs und in betreff des Maßes. Es giebt auch hier einige allgemeine Regeln, die die Bestimmung, ob es am Abend, in der Nacht, am Morgen zuträglicher sei, nicht erlauben.

So viel ist gewiß, daß die Zeit, welche der Mensch im Bette zubringt, die angemessenste dazu ist, weil dann die dazu erforderliche Bequemlichkeit am meisten statt hat.

Auch ist es an und für sich eine Beschäftigung, die zu den ernsten Geschäften, die der Mann sowohl, als die Frau, am Tage zu üben hat, nicht passend ist, indem sie die Ordnung der Dinge unterbrechen, und dann eher Mißmut als Zufriedenheit hervorbringen würde.

Um diesem Genusse sich mit seinem vollen Werte zu überlassen, muß der Mensch heiter und nicht mit andern Dingen beschäftigt sein. Der Genuß selbst muß nicht auf den Raub geschehen, sonst artet er in augenblickliche tierische Wollust aus. Alles dieses stimmt für die Ausschließung des Tages von diesem Geschäfte. Auch hierbei ist von Ausnahmen nicht die Rede.

§ 60. Wenn nun aber der Zeitpunkt des Ruhens in dem Bette dazu genommen wird, so hat es immer noch Zweifel gegeben, in welchem Teile dieser Zeit, im Anfange, Mitte oder am Schlusse der Schlafperiode er am zuträglichsten sei.

Sicher ist er es nicht, wenn man sehr ermüdet ist. Also Anstrengungen in Arbeit, Bewegung, eigentlich was man Strapazen heißt, schließen den ersten Augenblick der Ruhe davon aus. Ein voller Magen leidet nicht gut heftige Anstrengung des Körpers, also nach einer späten und kräftigen Mahlzeit wird dieser Genuß beim Anfange der Ruhe nicht sehr dienlich sein. Am allerwenigsten aber ist er nach starkem Trunke zu empfehlen, wo er oft die nachteiligsten Folgen hervorgebracht, und besonders eine Schwächung der Teile, die dabei in Wirksamkeit sind, verursacht hat.

Eben so wenig kann er nach heftigen Gemütsbewegungen angeraten werden, besonders nach Zorn oder Ärger, wo oft sogar ein schleuniger Tod die Folge davon war. Die Natur verbietet dies selber schon, denn nach trüber Gemütsbewegungen, Verstimmung, Kummer, Sorge u.s.w. liegt die Geschlechtslust ohnehin stark danieder; den dabei beteiligten Organen geht die nötige Spannkraft ab; diese aber durch Reizmittel erzwingen zu wollen, ist höchst nachteilig.

Nicht selten war es der Fall, daß der heftigen Bewegung bei Ausübung des Beischlafes, in oder nach der Trunkenheit der Tod folgte.

In der Trunkenheit ist der Körper ohnedies im höchsten Grade überreizt. Man setze nun noch hinzu, daß die Überspannung durch die heftige Bewegung auf den äußersten Grad gebracht wird, daß die Entnervung und Schwächung, die sich beim Trunk erst nach und nach zeigt, hier auf einmal vor sich geht, und so eine Erschlaffung erfolgt, die die Maschine zum Stillstehen bringt, welches sogar oft der Tod ist.

§ 61. Wenn man aber mäßig und etwas früh gegessen, wenn man seine Tagesgeschäfte ohne Anstrengung verrichtet hat, wenn keine Gemütsbewegungen vorhergegangen sind, wenn beide Teile eine einverstandene Neigung zu diesem Genusse fühlen, dann ist der Abend allerdings eine Zeit, die man dazu wählen muß.

Den Zeitpunkt zur Ausübung dieses Aktes, ob vor dem Einschlafen oder nach dem Erwachen, in der Nacht oder noch später, überläßt man jedem Paare zur beliebigen Wahl nach den angeführten Umständen und Bedingungen.

Im Allgemeinen halte ich dann aber doch den Morgen für die schicklichste Zeit zu diesem Genusse, und zwar aus folgenden Gründen:

1. Nehme ich die Befriedigung des Geschlechtstriebes nicht als eine schwächende Sache an, sondern bei den Verhältnissen, die ich zu einem guten und gesunden Genuß festgesetzt, als eine stärkende. Auch wird man finden, daß unter solchen Umständen man sich eher gestärkt, als geschwächt nach demselben fühlt.

2. Deswegen gehört auch der Schlaf nicht als ein notwendiges Mittel der Erholung nachher dazu; denn wo keine Schwächung geschieht, da ist keine Erholung nötig. Folglich kann der Abend, wegen darauf folgenden Schlafes, keinen besseren Zeitpunkt zu diesem Genusse geben.

3. Finde ich es gewiß, daß am Abend durch die Arbeit des Tages, sie bestehe nun worin sie wolle, viel flüchtige Teile aus dem Körper verloren gegangen, und wenn man diesem Verluste demselben noch mehrere durch den Geschlechtsgenuß entzogen würden, so könnte doch eine Schwächung entstehen, die die Natur nicht so leicht und schnell zu ersetzen im stande wäre. wenn sie aber durch den erquickenden Schlaf der Nacht alles wieder hergestellt, was den Tag über verloren gegangen, so ist diese Ausleerung gewissermaßen etwas Entbehrliches, und trägt zur Erhaltung des ganzen Systems, und zur Verhinderung des Überreizes und der Überfüllung bei, und kann keine Schläfrigkeit und keine Erschöpfung hervorbringen. Ei-

nige andere Autoren sagen jedoch das Gegenteil und nennen den Abend die eigentliche Zeit der Liebe. Am wärmsten und innigsten nähern sich die Geschlechter in der Stille der unbelauschten Nacht; die nächtliche Ruhe, der darauf erfolgende erquickende Schlaf stärkt beide Teile nach vollbrachtem Akte. Die Nacht ist überdies dem weiblichen Schamgefühl zur Ausübung des Begattungsaktes am angemessensten. Man sieht sich nicht, fühlt sich aber am innigsten von Zärtlichkeit durchdrungen. Möge die vorher aufgestellte Behauptung, des Morgens den Zeugungsakt auszuüben, immerhin in ihrer Würde da stehen, wo der Körper nach anstrengender Tagesarbeit erst der Ruhe und Stärkung zu dem wichtigen, Leben gebenden Akte bedarf.

Es ist hier nicht nutzlos über die Hochzeitsbräuche ein Wörtchen zu sagen. Häufig werden auf Polterabenden und Hochzeiten Tanz- und Trinkgelage gehalten. Es wird bis an den hellen Morgen geschwärmt, und nun, abgeschwächt durch Tanz, Schweiß, von hitzigen Getränken halb berauscht, geht das junge Paar zu Bette. Welch eine stümperhafte Nachtfeier mag da an die Stelle der Ehevollziehung treten. Die ersten Sprößlinge des geschlossenen Bundes müßten doch wohl die kräftigsten sein; aber nach solchen vorhergegangenen Exzessen sind es nicht selten unvollkommene, verkrüppelte, bald hinwelkende Keime. Hochzeiten sollten nie mit solchen Bacchanalien in Verbindung gesetzt werden. Sehet die Kinder der Liebe, im Rausche überströmender Zärtlichkeit erzeugt, an, sie strotzen von Gesundheit, während oft die ehelichen Sprößlinge der Brautnacht Zeit ihres Lebens im Siechtume beharren. Das junge Paar sollte sich lieber bald nach der Trauung der ehelichen Zärtlichkeit überlassen, und die stürmischen zweideutigen Polterabende mit ihren oft schlüpfrigen und platten Scherzen und Bacchanalien sollte man aus der Reihe der Feste streichen. Ein Glück noch für die werdenden Geschlechter, daß der erste Akt der Begattung selten fruchtend ist, und die schönsten Genüsse erst in den folgenden Nächten stattfinden. Nach dieser Abschweifung ist es Zeit, wieder in die Ordnung einzulenken.

§ 62. Übrigens kommt im ganzen alles auf die Stimmung beider Teile, auf die Beschaffenheit der Körper, auf die Verhältnisse und Lebensart derselben an.

Die Hauptregel sei: Alles auf dem Wege der Natur, nichts wider dieselbe; keine Mittel angewandt, um sich zu reizen, der Naturreiz ist der beste; nie diesen schönen Genuß bis zum Muß von der einen oder der anderen Seite herabgewürdigt; der Reinlichkeit sich dabei nach aller Strenge befleißigt; den ersten Zweck, Erneuerung seines Geschlechtes, als die Haupttriebfeder dazu zu betrachten, und so wird Traurigkeit nach demselben nie sich einfinden.

§ 63. Man bleibe bei dem Grundsatze, nie diesen Genuß öfter nach einander sich zu erlauben. Man sehe nicht jeden kleinen Reiz als eine Aufforderung der Natur dazu an. Man gebe besonders auf die Beschaffenheit des Körpers nach diesem Genusse acht, und wenn man im geringsten sich danach beschwert fühlt, wenn Ermüdung, Ermattung, Schwindel, Nervenziehen, Augenschmerz sich nach demselben einstellen, so sei man überzeugt, daß dieser Genuß nicht wohlthuend für den Körper gewesen ist, und nehme die Lehre an, von nun an nicht mehr auf jeden kleinen Reiz, auf jede erste Veranlassung dazu, den Zeugungsakt auszuführen.

Im Gegenteil wird die dann gewonnene Zurückhaltung jedesmal eine merkliche Stärkung des Körpers zur Folge haben, und selbst die Seele wird durch die Überzeugung, du hast dich zu überwinden gewußt, wohlthuend auf den Körper wirken. Leider gehören Siege über die leidenschaftliche Geschlechtslust zu den Seltenheiten! Und die wenigen, die man wirklich antrifft, welche Opfer haben sie erheischt, Opfer, die den Organismus meist theurer zu stehen kommen, als die Überschreitung, die man bekämpft hat! Und wie bedauerlich ist dieser Umstand, wenn man bedenkt, daß die Gesamtentwicklung von Körper und Geist in so innigem Zusammenhange, ich möchte beinahe sagen im Abhängigkeitsverhältnisse zur Thätigkeit der sexuellen Organe steht. Langjähriges Siechtum, Hinfälligkeit des Greises bei noch jungen Jahren, Verlust der wichtigsten Sinnesorgane, Gemüthskrankheiten, Wahnsinn, wie oft sind sie die Folge einer ungezügelten, lange und stürmisch wütenden Geschlechtslust. Darum habe jeder acht und lerne frühzeitig eine Leidenschaft bekämpfen, die, wenn man ihr erst einmal die Zügel hat schießen lassen, sich nicht wieder eindämmen läßt, vielmehr den ihr Verfallenen schonungslos im wildesten Strudel mit sich fortreißt. Die Gelegenheit zu Geschlechtsgenüssen ist fast unter allen Verhältnissen, besonders in größeren Städten in viel reicherem Maße vorhanden, als der Körper selbst des kräftigsten Menschen leistungsfähig ist. Und wie bezaubernd und ewig wechselnd sind nicht die Gestalten, die eine beständig rege Geschlechtslust herausfordern! Wie thut hier die Kraft sich selbst überwinden zu können, not. Aber wie selten trifft man sie an. Wie viel häufiger erlahmt das bißchen Charakterstärke vor den ewigen Angriffen und Herausforderungen einer Phantasie und einer zügellosen Leidenschaft. Darum beginne jeder frühzeitig den Kampf gegen eine aufkeimende zu heftige Geschlechtslust und besonders die Schwachen mögen auf ihrer Hut sein!

Sechstes Kapitel.

Einige Regeln über das Verhalten beider Geschlechter während der Befriedigung des Zeugungstriebes.

§ 64. Es würde auf jeden Fall die in unsern Zeiten ohnedem schon genug an die Seite gesetzte Schamhaftigkeit beleidigen, wenn man zu oft und zu viel von dem sprechen wollte, was eigentlich Geheimnisse des Ehebettes bleiben müssen.

Was ich im Nachfolgenden geben will, hat nur den eigentlichen Zweck der Begattung, die möglichst günstige Bedingung für die Befruchtung im Auge. Fern liegt uns die Absicht eine Theorie aufstellen zu wollen, um die Wollust zu erhöhen.

§ 65. Zunächst bemerke ich, daß zu einem wirksamen, fruchtbaren Beischlafe von beiden Seiten gleiche Neigung dazu erfordert werde, daß auf der einen Seite Unlust und Mißmut nimmer den gewünschten Zweck erreichen werden, und daß Eheleute immer besser thun, wenn von der einen Seite sich bei ihnen eine Abneigung zeigt, des Beischlafes sich zu enthalten.

Aber wenn auch von beiden Teilen gleiche Neigung dazu vorhanden ist, so übereile man doch den Genuß nicht, weil durch die Übereilung in demselben nur gar zu leicht der Zweck der Befruchtung verloren geht. Es ist notwendig, daß durch die im ganzen Körper mitgeteilte

Erregung der Nerven erst alle zur Empfängnis gehörige Teile ihre richtige Spannung erhalten. Besonders sind die Bewegungen von seiten des weiblichen Geschlechtes oft verderblich. Eine mäßige Haltung des Körpers, eine mehr passive als wirkende Kraft ist von ihrer Seite erforderlich.

Der römische Dichter Lucrez widerrät schon dem Weibe ein aktives Verhalten, und sagt sehr richtig, daß des Mannes Kraft aus der beschriebenen Bahn geleitet und der Same unnütz verschwendet werde. Nur Buhlerinnen, welche die Befruchtung verhüten und ein wollüstigeres Spiel bereiten wollen, nehmen solch ein widernatürliches Verfahren an.

Das Werk der Befruchtung ist sicher das Werk eines Augenblicks. Kunst bringt diesen Augenblick nicht zuwege, der Gang der Natur thut es. Die sogenannte Annäherung, oder das Anstrengen dazu, ist es nicht gerade, was sie bewirkt, wie verschiedene Schriftsteller behaupten wollen; denn wenn diese unumgänglich notwendig wäre, wie könnte eine Befruchtung erfolgen, wenn äußere Hindernisse, wie es zuweilen der Fall ist, eine genaue Annäherung unmöglich machen. Wir haben ja Fälle, daß bloße schwache Annäherung, sozusagen fast nichts als Berührung beider Teile, Befruchtung zuwege gebracht, wo die Natur alle Kanäle gehörig erweitert hatte, und die hohe physische Aufregung allein den Samen den Weg nach dem Orte seiner Bestimmung gebahnt hat.

Wenn beide Teile der Natur nach animiert sind, so gehört sehr wenig zur wirklichen Befruchtung; sehr viel aber, wo von einer Seite dieses fehlt.

§ *66*. Dann wäre es freilich Zeit, die sogenannten Hilfsmittel anzuwenden, um diesen Reiz, wenn von einer Seite Schwäche die Fruchtbarkeit verhindert, anzubringen.

Fehler und Krankheit gehören allein in das Gebiet des Arztes.

Unmut und Schläfrigkeit mögen die Ehegatten einander selbst zu benehmen suchen. Wodurch dieses geschieht? Durch zuvorkommende Gefälligkeiten des einen gegen den anderen. Durch Aufsuchung der Ursachen, die etwa eine Trägheit hervorbringen könnten, und durch Hinwegräumung derselben. Durch Reinheit und Reinlichkeit im höchsten Sinne. Durch eine Pause in den Liebkosungen. Durch irgend einen Reiz, der neu ist und wirkt. Eine Veränderung der Lebensweise, Auftragen von Lieblingsspeisen und Getränken, durch eine neue Wirkung auf die Geruchsnerven; denn dieses trägt sehr zu dem Reize bei, den die Befruchtung erfordert. Von innern Mitteln, sobald sie über die Grenzlinie der eigentlichen Nahrungsmittel wegschreiten, ist weniger zu erwarten, und unter denen von so manchen Ärzten empfohlenen ist der eine Teil ganz unwirksam, und der andere so reizend, daß er auf den dadurch hervorgebrachten Reiz wieder eine völlige Abspannung und Schwächung zuwege bringt.

§ 67. Mehr, als alles, trägt zur Befruchtung ein gemeinschaftliches Ehebette bei, und so sehr auch viele dagegen eifern, so sehr es auch beitragen soll, den Genuß zu vervielfachen, so ist doch soviel ausgemacht, daß zwei gesunde und reinliche Personen von beiden Geschlechtern in der gegenseitigen Annäherung und allseitigen Berührung eine Stärkung erhalten, die merklichen Einfluß auf die Gesundheit hat.

Ich möchte wohl sagen, daß es gewissermaßen mit in der Ökonomie des Lebens und der Gesundheit des Körpers berechnet ist, und behaupten, daß Eheleute, welche zusammen schlafen, sich im Durchschnitt weit gesünder befinden und längeres Lebensziel erreichen, als andere.

Ich will hier gar nicht einmal von den Krankheiten reden, die durch das Verlassen des Bettes zu einem Genusse und nach demselben entstehen, obgleich die fast fieberhafte Wallung des Blutes sehr leicht zu einer Erkältung geneigt macht, und bei der Rückkehr ins Bett die große Erschlaffung aller Teile noch eine neue Ursache der Erkältungen abgibt.

Nun einige positive Gründe für ein Beisammenschlafen. Warum legte man in den älteren Zeiten, und thut es auch noch, junge, gesunde Frauenzimmer zu alten, geschwächten Männern, um ihnen dadurch Stärke zu verschaffen, und warum findet man jetzt noch, wenn alte Männer junge, gesunde Frauen heiraten, daß sie sich gleichsam verjüngen, wenn sie nur, wie in der Folge gesagt werden wird, sich nicht übernehmen.

Und diese verjüngende Kraft auf das Alter sollte spurlos vorübergehen am jungen, ebenfalls kräftigen, feurigen Körper?

Sollte die Ausdünstung des einen gesunden Körpers nicht wohltätig auf den Anderen wirken? Sollte die gesunde wohlthuende Atmosphäre nicht erfrischend auf den Anderen influenzieren?

§ 68. Wenigstens sollte bei vorhandener Unfruchtbarkeit der rege Wunsch, Kinder zu haben, Ehegatten, welche getrennt von einander schlafen, doch gleich auf die Idee bringen, in einem Bette gemeinschaftlich zu liegen, der Erfolg davon würde gewiß höchst einleuchtend sein.

Eine andere Ursache der Unfruchtbarkeit ist oft das kältere Temperament des einen Gatten, und die zu früh eintretende Ekstase des anderen Teiles. Hier muß die eigene Beurteilung des mehr Angefeuerten ihn antreiben, seinem Feuer einiges Ziel zu setzen. Von seiten des Mannes kann dieses ja leicht geschehen, da er gewöhnlich der angreifende, sowie der ziemlich bestimmende Teil ist. Von seiten der Frau muß das freilich mit Schonung und Delikatesse betrieben werden, da sie immer den Gesichtspunkt der Schamhaftigkeit, selbst im Ehebette, nicht aus der Acht lassen sollte.

Nur wenige Ausnahmen mögen das gemeinschaftliche Ehebett verbieten und zwar, wenn eines der Ehegatten schwächlich ist und durch das Beisammenschlafen zu oft zum Begattungsakte gereizt würde, da ist es besser, daß jede Person in seinem eigenen Bette schlafe. Die glücklichsten Ehen finden wir meistenteils in den niederen Ständen, wo, nach alter Sitte, Mann und Weib in einem Bette ruhen.

§ 69. Bei dieser Gelegenheit erwähne ich zugleich, daß nach dem Genusse, in Ansehung des schönen Geschlechtes, eine Art von Ruhe nötig ist, ob ich gleich gerade nicht annehme, daß durch Aufstehen und mäßige Bewegung irgend ein Unfall in der Wirkung des Begattungsaktes stattfinden kann. Sehr heftige Leibesbewegungen, Tanzen, Springen, Reiten, wird jede vernünftige Frau ohnedies vermeiden; aber ihre gewöhnlichen Geschäfte zu verrichten, wird sicher keinen Nachteil hervorbringen; denn die ökonomische Sorge der guten Mutter Natur für den Embryo ist so groß, daß selbst ziemlich starke äußere Verletzungen ihm selten schaden, ob ich gleich sehr geneigt bin, viele Mißfälle, welche Fehler an den Kindern zur Folge haben, gern auf die Rechnung eines äußeren Drucks zu schieben, der durch alle Häute und alle Verwahrungen nur dem Embryo schädlich wurde, und der Mutter nichts that. Ich werde in einem anderen Buche mehr hierüber reden.

§ 70. Von seiten des Mannes bedarf es nach einer mit voller Gesundheit geschehenen Befriedigung des Begattungstriebes keiner Ruhe. ist freilich die Abendzeit von ihm dazu gewählt, so bedürfen die anderen Teile seines Körpers des wohltätigen Schlafes. Hat er aber den Morgen dazu gewählt, so stehe er dreist nach dem Genusse der ehelichen Freuden, jedoch erst nach gehöriger Beruhigung der im Körper verbreiteten Blutwallungen auf und gehe an seine Geschäfte. Ich rate sogar, nicht einmal den Schlaf wieder zu suchen, der ihn in diesem Falle mehr betäuben als erquicken wird.

Mehrere verheiratete Männer haben mich versichert, daß sie allemal eine ruhigere Nacht hätten, wenn sie diesen Trieb, wenn er nicht allzuheftig und dringend würde, des Abends zu unterdrücken und bis zum Morgen aufzuschieben suchten. Man hasche überhaupt auf diesem Gebiete nicht allzu eifrig nach diätischen Regeln. Es besteht hierin kein anerkanntes Verhältnis, was dem einen nachteilig ist, empfiehlt sich für den anderen; individuelle Verhältnisse sind hier vor allem maßgebend.

Siebentes Kapitel.

Bemerkungen über Unschädlichkeit und Schädlichkeit in betreff der Befriedigung des Begattungs- oder Fortpflanzungstriebes bei dem männlichen Geschlechte.

§ 71. Es ist zwar schon im allgemeinen gesagt, daß nur der mäßige Genuß ehelicher Freuden vorzüglich dem Manne heilsam, und der übertriebene ihm sehr nachteilig ist; es ist angeführt worden, daß nur die Notwendigkeit der Entleerung diesen Genuß heilsam mache, und es ist das Wohlbefinden nach demselben als Beweis seiner Unschädlichkeit angegeben; allein es ist doch heilsam, verschiedene Fälle näher zu beleuchten, wo Verminderung dieses Genusses anzuraten ist.

§ 72. Auch der stärkste und gesündeste Mann nehme Rücksicht auf die Zukunft, besonders im Anfange seiner Ehe. Er verwöhne weder sich noch seine Gattin in zu häufiger Ausübung der ehelichen Pflichten. Er gehe aus verschiedenen Gründen ökonomisch mit seinen Liebkosungen um.

Einmal, um der Gefährtin, die mehr ertragen kann als er, diesen Genuß nicht zu einem Bedürfnisse zu machen, welches er dann nicht befriedigen könnte, wenn die Zeiten der Abnahme sich einstellen.

Zweitens, um sich nicht selbst einen Genuß zur Gewohnheit zu machen, der die besten und edelsten Säfte seines Körpers hinwegnimmt, und ihn nach und nach zu einer Austrocknung führt, die auf den ganzen Organismus Einfluß hat.

Drittens, um endlich selbst nicht zu früh eines so schönen Genusses entbehren zu müssen; denn es ist gar zu reizend, wenn ein Mann von 50 und mehr Jahren sagen kann: Ich habe noch die Kraft meiner Jugend, und meine Gattin erfreut sich derselben mit mir.

§ 73. Besonders trifft dieses Los der frühern Abnahme feurige und lebhafte Temperamente. Phlegmatische können schon etwas mehr in dieser Art aushalten. Besonders tritt es nach mehrmal hinter einander versuchtem Genusse dieser Art ein. Ich habe selbst einen Kranken als Arzt unter meinen Händen gehabt, der nach sechsmaligem Mißbrauche in einer Nacht die Manneskraft so plötzlich verlor, daß ein Jahr erfordert wurde, bis der Hoden seine eingestellte Thätigkeit sparsam wieder aufnahm.

Sowie zu häufiger Genuß die Abnahme, und endlich den Verlust der Möglichkeit dieses Genusses bewirken kann, so kann es auch zu große Enthaltsamkeit davon. Deswegen wollte ich nach §54 nicht, daß ein Ehemann sich gänzlich des Geschlechtsgenusses mit seiner Frau enthalten sollte, wenn sie befruchtet ist, deswegen riet ich im §57, während der Embryo gebildet wird, nach und nach immer mehr sich davon zu entwöhnen, damit hernach die Pause, die für zwei bis drei Monate nach dem Kindbett notwendig ist, nicht auffallend, unangenehm und schädlich werde.

Wir wollen den Fall setzen, daß der Mann gewöhnlich zweimal in der Woche sich der Befriedigung dieses Triebes überläßt, so thue er dies nach erfolgter Befruchtung in den ersten drei Monaten wöchentlich nur einmal, in den anderen drei Monaten aller vier Wochen nur zweimal und in den letzten Monaten nur einmal, so wird er jene zwei, allenfalls auch drei Monate ohne Mühe enthaltsam sein können, und doch wird er nicht den Übeln ausgesetzt sein, die auf eine gänzliche Enthaltsamkeit folgen.

§ 74. Um dieser Enthaltsamkeit desto weniger Zwang zu geben, kann der Mensch seine Diät auch etwas gemäßigter einrichten und seine Arbeit etwas vermehren.

Dieses Letztere dient sehr dazu, diesen Trieb zu vermindern. Kopfarbeiten thun es am meisten; aber auch andere Beschäftigungen, die etwas ermüdend sind, hemmen die Neigung zu diesem Genusse, und je mehr anhaltender andere Reize auf uns wirken, desto weniger werden wir dieses bedürfen.

Speisen und besonders Getränke nehme man in minderem Maße, und hier kann allenfalls auch der Fall eintreten, daß wenn der Mann zuviel Reiz befürchtet, er sein Bett von dem seiner Gattin absondern kann. Denn in diesem Falle ist ihm jedes Mittel erlaubt, was seine Enthaltsamkeit vermehren kann.

§ 75. Schwächliche Männer aber müssen besonders sowohl beim Anfange als beim Fortschreiten in der Ehe auf ihrer Hut sein, um diesen sonst so schönen Genuß nicht zu ihrem Verderben anzuwenden. Unter schwächlichen Männern verstehe ich noch keine Kranken. Sie können durch Krankheiten ihres Jugendalters zu dieser Schwäche gekommen sein, sie können einen schwachen Körper schon mit zur Welt gebracht haben, sie können durch Anstrengung des Studierens, oder andere in zu frühen Jahren angefangene schwere Arbeiten, ohne ihr Verschulden, um ihre Gesundheit gekommen sein.

Dieses mag nun der Fall sein, oder sie mögen durch jugendliche Ausschweifungen ihrem bessern Befinden einen Stoß gegeben haben, so werden sie an sich selbst sehr leicht bemerken, daß sie nach diesem Genusse nicht das Wohlbefinden, nicht die Zufriedenheit erreichen, die sie wünschen, wenn sie ihm zu oft huldigen, und so müssen sie um so mäßiger damit zu Werke gehen, und nie eher ihn wieder erneuern, als bis eine große Pause und ein nachdrücklicher Drang sie überzeugen, die Zeit, ohne Schaden sich ihm zu überlassen, sei wieder vorhanden.

Hypochondristen leiden oft an einem Starrkrampf des männlichen Gliedes, der durch Befriedigung des Geschlechtstriebes nicht beseitigt, ja sogar vermehrt werden kann. Man nennt diesen Zustand Priapismus, er hat seinen Grund in krankhaften Reizen des Unterleibes, Vollblütigkeit desselben, krankhaftem Nervenreiz, Würmern. Heilmittel dagegen sind Eintauchen des Gliedes in kaltes Wasser, ölige Einreibungen, besänftigende Umschläge, mäßiger Gebrauch des Kampfers nach ärztlicher Verordnung. Zu solchen widernatürlichen Erscheinungen des Geschlechtstriebes gehört auch das krampfhafte Anschwellen des Gliedes beim Harnröhrenschleimfluß, wie auch nach manchen Genüssen heftig stimulierende Mittel.

Der Befruchtung ist der viele Genuß sehr hinderlich, kinderlose Ehen sind nicht selten Folge davon.

§ 76. Kränklichkeiten und wirkliche Krankheiten schließen eigentlich diejenigen, die daran leiden, von dem Geschlechtsgenusse zwar nicht so ganz aus, allein sie werden wohl thun einen Arzt zu Rate zu ziehen, der den Gesundheitszustand des Kranken kennt und bestimmen kann, ob und in welcher Art und in welchem Maße dieser Genuß ihnen zu gestatten ist. Eine genaue Beschreibung der Krankheit setzt auch allenfalls einen fremden Arzt in den Stand, dieses Urteil zu fällen, wenn man zu den einheimischen Ärzten etwa kein Zutrauen hätte, oder Verhältnisse es verhindern, sich ihnen zu entdecken.

§ 77. Daß es Krankheiten giebt, die eine besondere Neigung zum Begattungstriebe mit sich führten, kann ich nicht annehmen, wohl aber, daß in Krankheiten Reize auf jene Teile so wirken, daß sie einen krankhaften Trieb hervorrufen. Denn wäre es keine krankhafte Neigung zu diesem Fortpflanzungstriebe, so müßte sie durch die Befriedigung verschwinden.

Wenn wir den Reiz einer Schärfe in den Teilen, die zu diesem Genusse erforderlich sind, eine Neigung dazu nennen wollen, so würden wir Unrecht thun.

§ 78. Weder Hypochondristen, noch Hämorrhoidalkranke werden, wenn wirklicher Naturtrieb bei ihnen ist, Nachteil von der Befriedigung des Begattungstriebes haben, wenn sie die Vorsicht dabei anwenden, ihn mäßig, in einem warmen Bette, und mit einem Gegenstande, der ihnen nicht zuwider ist, in Ausübung zu bringen, vielmehr werden sie sich darnach besser befinden. Diese beiden Krankheiten, die Hypochondrie und die Hämorrhoiden, sind bisher größtenteils von einer falschen Seite angesehen und behandelt worden; ich kann versichern, daß Hypochondristen durch eine Heirat hergestellt worden sind. Hier ist nicht der Ort, weiter darüber sich einzulassen.

§ 79. Bei den mit Stein Behafteten kann der Reiz, der nun so schwer zu heben ist, etwas mehr auf die Teile wirken, und man könnte die größere Neigung allenfalls mit der Krankheit verbunden annehmen. Allein wenn dies wirklich ist, so glaube ich doch nicht, daß die Befriedigung dieses Triebes dann schädlich sei, weil eine allgemeine Erschütterung dieser eher zum Vorteil, als Nachteil gereichen könnte, wenn, wie immer hierbei angenommen werden muß, kein Übermaß vorfällt.

§ 80. Bei Auszehrungen so mancherlei Art habe ich gewöhnlich nicht mehr Neigung dazu, oft weniger als beim Manne im allgemeinen, gefunden. Indessen wäre hier, wegen des Angreifens des ganzen Körpers, der Weg der Mäßigkeit ganz besonders einzuschlagen.

§ 81. Im allgemeinen gelten hier folgende Regeln: Jeder Kranke oder Kränkliche suche die Neigung zur Befriedigung dieses Triebes, soviel er immer kann, zu unterdrücken und den wirklichen Genuß solange aufzuschieben, als es seiner Kraft sich zu mäßigen, nur immer möglich ist. Wenn er dann aber nicht länger widerstehen kann, so bediene er sich seines Rechts, seine Neigung zu befriedigen, aber mit allen den Eigenheiten, die in § 78 angeführt sind. Er kann sich zum Akte mit einem Glase Wein stärken, und nachher durch einige weiche Eidotter und andere leicht nährende Speisen sich erholen, starke Getränke aber nachher vermeiden, weil sie zu schnell reizen und leicht nach der Schwächung überreizen.

Dann wird man aus dem Befinden nach diesem Versuche leicht abnehmen können, ob er einem zuträglich gewesen, ob der Körper sich leidend dabei verhalten, er also wenigstens nicht nachteilig gewesen, oder ob er gar schädlich geworden ist.

Wenn man gleich nach der Ausübung des Aktes keine ziehende Bewegung in den dabei beteiligten Organen spürt, wenn außer einer kleinen augenblicklichen Mattigkeit, die bei kränklichen Personen fast immer zu erfolgen pflegt, die aber nicht anhaltend sein muß, der Körper keine bedenkliche Schwäche spürt, wenn beim Wiederanfangen seiner Arbeit und Beschäftigungen (ist es am Morgen geschehen) sich kein Mißmut und Trübsinn zeigt; wenn man (ist es abends geschehen) einen schnellen, guten, erquickenden Schlaf genießt, und dadurch gestärkt aufsteht; dann kann man sicher annehmen, daß die Entleerung eine vorteilhafte Wirkung auf den Körper gehabt, daß durch den Reiz im ganzen Körper eine Energie hervorgebracht ist, die zur Gesundheit beiträgt.

§ 82. Denn es ist gewiß, daß beim völlig gesunden Menschen die Befriedigung dieses Triebes, wenn sie der Körper rechtmäßig verlangt und sie so demselben zugelassen wird, einen Reiz hervorbringt, der heilsam wirkt, die Trägheit, die aus Überfüllung der Gefäße und ihrer mindern Energie herrührte, zerstreut, die unmerkliche Ausdünstung befördert und heterogene Teile, welche ich die nenne, die schon zu fest und schleimig geworden, um dem Körper ferner zu dienen, auswirft, um anderen homogenen Platz zu machen.

§ 83. Und so kann auch bei manchem Kränklichen durch diesen Reiz gerade vielleicht ein Übel gehoben werden, welches ohne demselben noch länger im Körper sich aufgehalten, wie denn lokale Metastasen oder Versetzungen von schleimigen Feuchtigkeiten, die ein Gliederreißen genannt werden, mehrere Male nach dem Beischlafe mit einer gesunden Person sich verloren haben.

§ 84. Es kommt hier vieles wieder darauf an, und muß in Betracht gezogen werden, daß eine gesunde Frau einem schwächlichen Manne gerade während und nach diesem Genusse von ihrer gesunden Ausdünstung mitteilt, ohne befürchten zu müssen, daß die nicht so gesunde Ausdünstung desselben auf ihren gesunden Körper nachteilig wirken sollte. Denn der gesunde, zu seiner fortdauernden Vollkommenheit arbeitende Körper läßt keinen Teil, der ihm nicht angemessen ist, in sich aufkommen, sondern entfernt ihn, wenn er auch eingedrungen wäre, durch die Kraft, sich gesund zu reproduzieren.

§ 85. Wenn aber ein unangenehmes Ziehen in den zu dieser Verrichtung bestimmten Teilen erfolgt; wenn eine Art von Erschöpfung sich zeigt; wenn die letzte Ekstase des Genusses selbst mit Schmerz verbunden war; wenn auf den Genuß des Abends sich Schlaflosigkeit, beschwerliche Wallung, Unruhe, Schmerzen in den Augen oder gar in der Brust einstellen; wenn nach dem Morgengenusse unruhige Schläfrigkeit sich findet, der Mißmut den Aufstehenden begleitet, die gewöhnlichen Beschäftigungen ihm zuwider, der Gegenstand seiner Zärtlichkeit selbst ihm unangenehm erscheint, so ist es ein sicherer Beweis, daß die Befriedigung dieses Triebes seinem Körper nachteilig gewesen, und er gehe davon zurück und probiere es nicht wieder, bis eine andere Stimmung, die aber nicht bloß vorübergehend sein darf, ihn überzeugt hat, daß seine Krankheit eine bessere Wendung genommen.

§ 86. Die Grenzen dieses Werkes erlauben es nicht, in das Detail aller der Umstände einzugehen, die eintreten könnten, um die Befriedigung des Begattungstriebes schädlich oder nützlich zu machen. Es beruht so vieles auf den Umständen und der nähern Kenntnis des Körpersystems, daß in den Fällen, wo jemand über die Schädlichkeit oder Unschädlichkeit dieses Genusses im Zweifel ist, der Rat eines gewissenhaften und Vertrauen genießenden Arztes eingeholt werden muß.

Achtes Kapitel

Bemerkungen über die Unschädlichkeit und Schädlichkeit in betreff der Befriedigung des Zeugungs- oder Fortpflanzungstriebes bei dem weiblichen Geschlechte.

§ 87. Wenn auch die Krankheitsfälle, welche im vorigen Kapitel aufgeführt sind, auf das schöne Geschlecht mit Beziehung haben, und von demselben ebenso in Betracht genommen werden können, so giebt es doch noch verschiedene Dinge, welche die Frauen allein angehen, und die der Gegenstand dieses Kapitels sein sollen.

§ 88. Je schwächer ein Frauenzimmer ist, desto länger enthalte sie sich, wenn es möglich ist, des Geschlechtsgenusses. Besonders muß dieser Satz bei Personen stattfinden, die schon frühzeitig von der sogenannten weißen Blüte befallen sind. Es ist dieses eine Krankheit, die mehrenteils durch zu vielen Genuß herbeigelockt wird. Was muß aber dieser Genuß für eine Wirkung auf den Körper thun, bei dem dieses Übel vor der Verheiratung schon vorhanden ist!

Mehrmals sind es kränkliche, schwächliche Frauenspersonen, welche von der Nymphomania, Mutterwut oder Manntollheit ergriffen werden; hier waltet ein widernatürlicher, nie zu sättigender Geschlechtstrieb ob. Bei robusten und vollblütigen Frauen jedoch liegt der Grund in langentbehrten Genüssen, hier hilft nur Befriedigung der mahnenden Forderung der Natur. Kranke Personen werden oft von Wurmreiz, Überreizung der Nerven, Vollblütigkeit des Unterleibes, Erhitzung der Phantasie, Reizungen der Geschlechtsorgane bei mangelnder oder unvollkommener Befriedigung dazu getrieben; dies ist der Fall bei jungen Wittwen, welche dem gewohnten Genusse entsagen müssen, ferner bei jungen feurigen Mädchen, welche ein genußreiches Leben führen, viel schlüpfrige Romane lesen, etwas zu frei im Umgang mit Männern sind, jedoch der Geschlechtsgenüsse sich aus Furcht vor Schwängerung enthalten müssen, sowie bei denen, welch aus letztangeführtem Grunde den Akt der Begattung nur unvollkommen ausüben. Eine Heirat macht hier alles wieder gut.

Die Begleiter der Satyriasis sind außerdem noch Urinbeschwerden, Ohnmachten, hysterische Krämpfe, brennender, juckender Schmerz der Geschlechtsteile. Daß hier ein Arzt zu Rate gezogen werden muß, versteht sich von selbst.

Patientin aber muß sich einer schmalen Diät befleißigen, alle Gewürze, Fleischspeisen, Kaffee, Thee u.s.w. meiden, tüchtig arbeiten, kaltes Wasser trinken, sich darin baden oder die Geschlechtsteile damit waschen, den Geist mit ernsten Dingen beschäftigen. Der Arzt verordnet hier Abführungen und vorsichtiger Gebrauch des Kampfers.*)

In weit höherem Grade, als der Kampfer, von dem ich sehr wenig Nutzen gesehen habe, wirkt das Bromkali

---

*) Der Kampfer muß mit Vorsicht gebraucht werden, weil ein unvorsichtiger Gebrauch desselben das gänzliche Erlöschen der Zeugungskraft herbeiführen kann.

herabstimmend auf die Geschlechtssphäre. Man gebraucht dasselbe - ein ganz neues Mittel - in folgender Form:

Rp. Sol. Kalii bromat. 0,5 : 100,0.
D. S. dreimal täglich 1 Eßlöffel.

Junge Mädchen leiden schon oft vor ihrer Reife am weißen Flusse, und liegt hier der Grund in einer mangelhaften Mischung der Säfte welche sich auf körperliche Schwäche stützt; gewöhnlich leiden sie dann auch an Bleichsucht. Stärkende Mittel müssen hier angewendet werden, um den Körper geschickt zu machen, die monatliche Reinigung hervorzubringen, welche meistens in diesem Zustande noch nicht da ist.

Die verschiedenen Ursachen alle, woraus diese Krankheit entsteht, hier aufzuführen, wäre zu weitläufig. Genug, keine der Frauen, die an diesem Übel leiden, befriedige, ohne vorher Mittel zu gebrauchen, davon befreit zu werden, die Geschlechtslust. Da eine Schwäche der Teile der Hauptgrund, und die Krankheit mehrenteils lokal ist, so finden sich genug Mittel dagegen, besonders in den jüngeren Jahren.

Allein wird die Krankheit vorher nicht gehoben, so nimmt sie durch die Befriedigung des Begattungstriebes zu, indem der damit verbundene Reiz, der die Teile bei Gesunden stärkt, hier schwächt und einen schon übermäßig gesteigerten Zufluß der Säfte noch befördert.

§ 89. Ich weiß sehr wohl, daß es eine Gattung der weißen Blüte giebt, die den Geschlechtsgenuß gerade als Hilfsmittel zuläßt; allein diese zeichnet sich dadurch aus, daß der Körper stark, voll und gesund, und selbst die sichtliche Krankheit in ihrem Stoffe von jener sehr verschieden ist. Dies ist der Fall bei vorher häufigem und jetzt ganz entbehrtem Genusse der ehelichen Freuden, besonders wenn die Phantasie sehr lebhaft ist, und Onanie getrieben wurde. Zu den Ursachen, welche teils einen widernatürlichen Geschlechtstrieb teils weißen Fluß herbeiführen können, gehört ebenso Unreinlichkeit bei jungen Mädchen.

Es setzen sich unreine Stoffe an, welche ein lästiges Kitzeln und Jucken erregen, wodurch oft nicht allein der Geschlechtstrieb zu früh erwacht, sondern auch die weiße Blüte hervorgerufen wird. Farbe und Geruch zeichnen sie aus. Ich brauche weiter nichts zu sagen. Ich verweise hierin auf mein bald zu erscheinendes vollständiges Werk über diesen Gegenstand.

§ 90. Von den allgemeinen Regeln, die ich schon oben angegeben habe, weiche ein Frauenzimmer nie ab. Sie übernehme sich nie, sondern bleibe in einer Mäßigung, die sie zum Herrn über dieses Vergnügen setzt. Es ist schön, wenn eine Frau hierin die Zügel hat und vernünftig genug ist, den Mann auch zur Mäßigung zu leiten.

Besonders erlaube sie ihm nie den Zutritt zu sich in ihrer gewöhnlichen Periode. Es ist auf vielen Seiten schädlich. Einmal ihr selbst, weil sie durch die Ausdehnung aller Gefäße sehr leicht das ihr so gefährliche Übel der weißen Blüte herbeilocken kann. Und dann ist diese Zeit nicht mit der einem Frauenzimmer so anständigen und einem Manne so wohlthätigen Reinheit und Reinlichkeit verbunden.

Ja, es können sogar gefährliche Mutterblutflüsse entstehen, welche zuweilen der Frau Entkräftung und Tod bringen.

Ich würde sogar vorschlagen, während dieser Zeit sich ganz des gemeinschaftlichen Bettes zu enthalten; wenn dieses die Umstände nicht erlauben, muß doch die Frau alles mögliche anwenden, damit der Mann keinen Widerwillen gegen sie fasse. Diese kleine Bemerkung wird das schöne Geschlecht mir nicht verübeln.

§ 91. Der Erwähnung, die ich gemacht, in den ersten zwei, womöglich drei Monaten nach der Niederkunft der Gemeinschaft mit dem Manne sich zu enthalten, muß ich auch hier noch einmal gedenken, und zwar aus dem Grunde, weil die Gesundheit der Frau durch eine Beiwohnung innerhalb dieser Zeit leidet. Es ist diese Frist erforderlich, um allen ausgedehnten und dadurch geschwächten Teilen die Konsistenz wieder zu geben, die zu der Erneuerung des schönen Geschäftes, einen Weltbürger zu bilden, erforderlich ist.

Die Frau mag bedenken, daß, wenn sie sich zu früh dem Geschlechtsgenusse hingiebt, eine Menge von Krankheiten sich erzeugen, unter denen die Blutstürze nicht die ungewöhnlichsten sind; auch ist vielen die ganze Reihe der Leiden nicht unbekannt, die auf dieses Übel zu folgen pflegen und so manches Weib äußerst unglücklich machen.

§ 92. Reinlichkeit vor, in und nach dem Geschäfte, Mäßigung im Genuß, und endlich die größte Aufmerksamkeit auf die Folgen desselben, werden, mit Zuziehung eines vernünftigen Arztes, jedes ordentliche Frauenzimmer vor den so traurigen Krankheiten schützen, die oft die Teile befallen, die zu einem edeln Zwecke bestimmt sind, wenn sie, wegen ihres zarten Baues, dem zu häufigen Angriff auf sie unterliegen.

Das schönste dabei ist, daß die Natur so viel als möglich wirkt, alles in Ordnung zu erhalten.

Man suche jedoch alles nachteilig Einwirkende durch eigene genaue Aufmerksamkeit und durch Entdeckung der kleinsten Zufälle in dieser Art zu vermeiden, dies sei das Bestreben einer jeden Frau, und sie wird das höchste Alter erreichen, ohne ihre Gesundheit in diesen Teilen zerrüttet zu sehen, und wenn sie auch eine Menge Sprößlinge in die Welt gesetzt hat; denn die Natur schafft keine Schmerzen für die Freuden, die man in ihrer Ordnung und nach ihren Vorschriften genießt; es sind nur die Folgen strafbarer Ausschweifungen oder unglücklicher Vernachlässigungen, die nur zu teuer gebüßt werden. Übersieht man den Beginn noch so kleiner Übelstände, so wachsen solche zu einer enormen Größe, wo alle Hilfe zu spät kommt.

Neuntes Kapitel.

Über die Dauer der Fruchtbarkeit der Frauen und des Zeugungsvermögens der Männer.

§ 93. Ich habe den Anfang der Zeugungsreife einer Frauensperson zwei Jahre nach dem Eintritte ihrer Periode oder ihrer Blüte festgesetzt, denn das Vermögen zu zeugen muß erst eine Zeit bestehen, ehe es ohne Nachteil in Ausübung gebracht werden kann.

Es ist hiermit nicht gesagt, daß es notwendig sei, daß sie dann diesem Geschäfte schon obliege. Da es Frauenzimmer giebt, die schon in ihrem 14. Jahre diese Fähigkeit besitzen, so wäre es in diesem Falle, wo die Natur zu einer so frühen Reife sich neiget, immer ratsam, einige Zeit damit anzustehen, doch möchte ich dieses in keinem Falle über das 20. Jahr gern ausdehnen. Ich glaube , daß dann schon, wenn mehrere Jahre hinzugekommen, die ausdehnbaren Teile eine zu starke Festigkeit erlangen, und wenigstens diese Jahre keine Ansprüche mehr auf die Vermehrung der Gestalt und Schönheit durch die Wochenbetten haben.

§ 94. Mir ist es durch Beobachtung und erprobte Resultate zur Überzeugung geworden, daß, in dem rechten Zeitpunkte angefangen, das Wochenbette jede Frau verschönert und stärkt, daß, wenn sie in demselben ordentlich behandelt und nicht verdorben wird, jedes folgende

Wochenbette zum Kreislaufe ihres Wohlbefindens wird. Ich habe Frauen gekannt, die 10, 12, ja 20 Kinder geboren, und immer einer guten Gesundheit sich zu erfreuen hatten, die selbst als Matronen noch reizend waren, und gemeiniglich fand dieses bei solchen statt, die zwei bis drei Jahre nach dem ersten Zeichen ihrer Mannbarkeit, also im 16., 17., 18. sich verheirateten. Die über 20 damit warten, werden schwerlich ein solches Ziel im blühenden Zustande erreichen. Ihre Wochenbetten sind mit mehr Angreifendem verbunden, die Teile werden gewaltsamer ausgedehnt, können sich nicht so bestimmt wieder in die vorige Lage werfen, und geben den übrigen Teilen des Körpers nicht das volle, blühende Ansehen wieder, weil die Säfte nicht in dem Maße dahingeführt werden, wie bei jüngern. Was hier hauptsächlich leidet, ist der Busen und die Gesichtsfarbe.

§ 95. Je mehr man in den Jahren fortschreitet, je bedenklicher sind die Fälle. Wenn man mit einigen Schriftstellern annehmen wollte, daß vom 20. Jahre das Fruchtbarkeits-Vermögen anhebt und bis zum 40. fortginge, so muß man nicht glauben, daß dies in der Progression fortgehen könne, wenn das Frauenzimmer erst im 25. oder 30. Jahre sich dieses Vermögens zu nutze machte, und dagegen bis zum 45. oder 50. damit fortwuchern könne.

Ebenso wenig könnte man annehmen, daß eine Person, die im 14. Jahre, das erste Wochenbette hielte, auch nur bis zum 34. Jahre ihres Lebens dieses Vermögens fähig wäre.

Im Gegenteil glaube ich, wenn ein vollkommen gesundes Frauenzimmer im 14. Jahre, und so zwei Jahre nach dem Eintritt der Mannbarkeit, den ersten Genuß der Liebe hätte, dasselbe gerade dadurch bis über das 40. Jahr mit dem Vermögen zu zeugen, begabt bleiben könnte, weil die ersten Wochenbetten sie weniger angreifen, ihren Körper stärken, verschönern, und zur langen Erhaltung dieses Vermögens beitragen würden.

Es herrschen darüber allerdings sehr verschiedene Ansichten. Es giebt Autoren, die dem Frauenzimmer vor dem 25., manche gar vor dem 30. Jahre diesen Genuß nicht zugestehen wollen, und andere setzen das Aufhören oder Aufhörenmüssen, Kinder zu tragen, schon ins 36. Jahr. Wieviel bliebe ihnen dann?

Aber das sind Nebendinge. Mein Hauptzweck ist, darauf aufmerksam zu machen, daß die besseren Jahre nicht vergehen, um den weiblichen Körper zu seiner Bestimmung der Fruchtbarkeit anzuhalten; denn gewiß ist es, daß die Gesundheit des Frauenzimmers davon abhängt. Falsch ist es, daß ein Alter von 16 -18 Jahren bei übrigens von mir angezeigten Umständen zu früh und eine solche junge Mutter Gefahren ausgesetzt sei. Es ist gerade die Zeit, wo sie diese Gefahren am wenigsten zu fürchten hat. Eine natürliche Geburt unter den guten Momenten, die in der Regel der Natur liegen, wie dieses denn die meisten Geburten sind, ist garnicht gefährlich für eine junge Person, und ich halte es für einen Eingriff in die Menschenrechte, diesen Akt gefährlicher vorzustellen, als er ist. Es sollte dieses verboten werden; denn manche Mutter wird durch die Angst, die man ihr macht, zaghaft, und die Leidenschaft wirkt auf ihre Seele so, daß der Körper gerade dadurch gefährlichen Zufällen unterworfen wird.

§ 96. Ein junges Mädchen, das sich in dem Zustande befindet, den ich beschrieben habe, wage es daher ja nicht, die Gelegenheit, Mutter zu werden, deswegen zu unterwerfen, weil sie zu jung zu der Last ist, die die Fruchtbarkeit mit sich bringt. Sie hat garnichts zu fürchten. Sie

folgt dem Gesetze der Natur, und empfängt den Lohn einer frühen Wahl in einer leichten Niederkunft und oft gewährten Mutterfreuden.

Sie beobachte dann die Gesetze der Enthaltsamkeit vorschriftsmäßig nachher, und sie wird lange in dem Zustande bleiben, der Welt Bürger zu geben.

Je später sich ein Frauenzimmer dazu entschließt, desto weniger Freuden dieser Art wird sie haben, desto empfindlicher wird ihr das Geschäft werden.

Dies ist kein theoretischer Satz, der am Schreibpulte entworfen ist, ich habe aus vieler Frauenzimmer Munde die Bestätigung davon.

§ 97. Daß es bei dem Manne nicht gerade ebenso der Fall ist, liegt darin, weil bei dem Manne die Bürde des Tragens der Leibesfrucht wegfällt. Die Teile, in welchen der Embryo gebildet wird, sind es, die frühzeitig, das heißt hier in der rechten Zeit, dazu geschickt werden, und die nicht durch gewisse Jahre einem Mangel an Ausdehnung ausgesetzt sein müssen.

§ 98. Die Natur hat für das schöne Geschlecht die Wege nicht, die für den Mann da sind, um teils die Säfte dem Körper wieder zu geben, teils die zu sehr verdickten aus dem Körper abzuführen. Es hatte keine solche Anstrengung der Gefäße nötig, wie sie beim Frauenzimmer erfordert werden, und nur ein kleiner Anfang von Rigidität oder zu starker Festigkeit der inneren Behältnisse, die zur Ausdehnung geschickt werden sollen, ist hinlänglich, um den Effekt der Befruchtung, das Gebären zu erschweren, und dadurch eine größere Anstrengung hervorzubringen, als die mit der Erhaltung der Verschönerung des weiblichen Körpers bestehen kann.

§ 99. Beim Manne kann es daher weit eher anstehen, daß er zu der Befriedigung des Begattungstriebes gelangt, und seine Konsistenz und Kräfte werden, besonders wenn er noch nie diesen Trieb praktisch kennen gelernt, nicht abnehmen. Bei ihm ist nur die augenblickliche Wirkung des Befruchtens, die einzig und allein von der guten Beschaffenheit seiner Säfte abhängt, daß er diesen Zweck erreicht. Keine zu starke Festigkeit kann den Wirkungskreis seiner Teile hemmen.

Ob er daher im 18., 20. oder 25. Jahre zuerst dem Geschlechtsgenuß sich hingiebt, macht keine Veränderung bei ihm.

§ 100. So wie ich oben gesagt habe, ist Mäßigkeit dem Manne ebenso anzuraten, wie dem schönen Geschlechte, und je mäßiger der Mann dieses Geschäft treibt, eine desto längere Ausdauer wird er dabei wahrnehmen. So wie man durch Übertreibung allenfalls in einem Jahre das Zeugungsvermögen aufopfern kann, so kann man hingegen diese Kraft bis ins fünfzigste, ja sechzigste Jahr und noch länger erhalten, wenn man mäßig dabei zu Werke geht.

Die Beispiele davon sind nicht so rar und unter die Seltenheiten zu zählen. Sie gelten keineswegs als Ausnahmen, sondern es ist dieser langdauernde Begattungs- oder Fortpflanzungstrieb in der Natur des Mannes gegründet, und es ist ein Fehler in Erziehung, Lebensweise oder durch einen Zufall vorgefallen, wenn er diese Kraft früher verliert, wenn er sie nicht durch Übertreibung selbst schwächt.

Dies ist jetzt oft genug der Fall, und man kann das schon aus dem so öftern Radotieren (Aufschneiden) schließen, wenn junge Männer der Kräfte sich rühmen, womit sie so vielmal ihre Proben bestanden. Sie bedenken nicht, daß dieses gerade das schleichende Gift ist, womit sie ihre Kraft töten, und die Frauen sollten es sich zum Gesetz machen, hierin die Zügel der Herrschaft zu behalten.

§ 101. Noch halte ich es nicht ganz überflüssig hier zu erwähnen, daß der Wechsel im Gegenstande der Liebe nicht stärkend für den Mann ist, obgleich im Augenblick ein größerer Reiz dadurch hervorgebracht werden kann. Einmal ist die Einbildungskraft dabei zu rege, und stumpft durch ihre heftige Wirkung mehr ab, und dann ist die Verschiedenheit der eingesogenen Säfte nicht immer zuträglich.

Die Ehen, in welchen die Gatten einander am getreuesten sind, sind nicht bloß moralisch die erbaulichsten, sondern auch die physische Seite derselben ist die beste. Man findet immer die gesundesten Kinder in denselben, und die Gatten sind gewöhnlich mit einer langen Dauer des Fortpflanzungs- resp. Begattungstriebes beglückseligt.

Zehntes Kapitel

Einige Ratschläge zur Beförderung der Enthaltsamkeit.

§ 102. Es wird nicht überflüssig sein und wohl keinem meiner Leser unangenehm, wenn ich zum Schlusse dieser kleinen Schrift noch hinzufüge, daß so manche mehrenteils junge Männer über den Zwang der Enthaltsamkeit klagen. Sie meinen immer, daß die Reizungen gar zu viele wären, daß das Blut besonders durch die Kleidung und Toilette des schönen Geschlechtes in unsern Zeiten so leicht in Wallung gebracht würde, und dann der einmal erwachte Trieb nicht wieder zu dämpfen wäre. Dem kann man entgegensetzen, daß unsere neue Kleidungsart der Damen ja nur von früheren entlehnt sind. Die Griechinnen wußten wohl die Schönheitslinien des weiblichen Körpers ebenso gut sichtbar zu machen, als unsere geschicktesten Künstlerinnen. und man kann doch nicht sagen (denn von einigen Buhlerinnen und den Traditionen davon aufs Ganze schließen zu wollen wäre übertrieben), daß es nicht Keuschheit und Keuschheitssinn bei ihnen gegeben hätte; auch die Liebe zum Schönen geht bei der sinnlichen Wollust verloren.

Der erste Rat für die Enthaltsamkeit wäre immer der, daß ein jeder sich das Schöne in einem langen dauerhaften Genusse vorstelle, und die Idee damit verbände, daß ein gesunder Körper, mit der Kraft etwas zu vollbringen, verbunden, zwar eine zwangvolle Entsagung erfordere, daß es aber schädlich und niederdrückend sei, durch einen siechen Körper und durch Selbstverschulden verlorener Kraft zu dieser Entsagung gezwungen zu sein. Schon dieser Gedanke wird Mäßigung hervorbringen.

Der zweite Rat ist Beschäftigung und Arbeit. Ein Freund von mir, der dieser Leidenschaft nicht wenig ergeben war, wurde von verschiedenen Unglücksfällen so zu Boden gedrückt, daß er ein ganzes Jahr fast ununterbrochen, bis auf wenige Stunden Schlaf, arbeiten mußte, und in dieser ganzen Zeit wandelte ihn auch nicht einmal dieser Trieb an. Der Gedanke du wirst dir wieder aufhelfen, hatte so feste Wurzel gefaßt, daß er an sonst nichts dachte, seinen Zweck wirklich erreichte, und dann mit einer Mäßigung zu diesem Triebe zurückkehrte, von der er die schönsten Folgen sah.

Der dritte Rat betrifft das schöne Geschlecht. Mögen sie sich nun Frauen oder Liebhaberinnen nennen, möge ihre Ehe gesetzmäßig sein, oder sich nur auf gegenseitigen Bund gründen, - denn alle Opfer der Wollust schließen wir aus - lassen sie sich es angelegen sein, den Gegenstand ihrer Zärtlichkeit als eine kostbare Maschine zu betrachten, die zu viel benutzt, nicht allein stumpf wird, sondern alle Feuerkraft verliert.

Wenn beide Teile sich zu dem Zwecke, lange und glücklich zusammen zu leben, vereinigen, so muß es ihnen leicht werden, einer Mäßigung sich zu unterziehen, die ihr Heil befördert, ihre Freuden vermehrt und ihnen auch eine ruhige, gewissensreine Zukunft verspricht.

Der Umgang mit gesitteten Frauen ist wahrlich eher geeignet, die Enthaltsamkeit zu befördern, als das beständige Getrenntsein vom schönen Geschlechte, wo oft die Phantasie durch schlüpfrige Bilder gereizt, zu widernatürlichen Ausschweifungen Veranlassung giebt. Besonders aber ist das zeitige Schlafengehen und späte Aufstehen sehr nachteilig für junge Leute. Man arbeite bis zur größten Müdigkeit, so wird man beim Schlafengehen sogleich einschlafen; und wenn man am Morgen erwacht, so verlasse man sogleich das Bett und liege nicht noch stundenlang, um die Phantasie mit wollüstigen Bildern zu kitzeln.

Waschungen der Geschlechtsteile mit kaltem Wasser sind vollkommen hinreichend, den ungestüm mahnenden Geschlechtstrieb zu mäßigen. Man gehe fleißig in Gesellschaft, bewege sich in gesitteten Zirkeln, wo keine schlüpfrigen Gegenstände besprochen werden; ja man suche Kreise auf, in welchen gesittete, feingebildete Damen sich bewegen; man vermeide das Alleinsein, wo man sehr leicht den Mißgeburten der Phantasie Spielraum zu gönnen gezwungen ist. Besonders aber ist anzuempfehlen eine schmale Diät, Vermeidung aller zu nährenden Speisen und das Blut- und Nervensystem aufregender Getränke.

Schon im vierten Kapitel habe ich einige Mittel und Wege angegeben, welche, wenn man sie befolgt, wohl im stande sind, die Keuschheit zu bewahren.

Anhang

Über die Schädlichkeit oder Unschädlichkeit der sogenannten stimmulierenden oder den Geschlechtstrieb befördernden Mittel.

§ 1. Ich glaube hier eine Saite berührt zu haben, die nicht unwichtig für den Beobachtungsgeist desjenigen ist, der dem Menschengeschlechte gern nützlich werden möchte.

Nicht bloß der Mißbrauch dieser Mittel, welche oft so viel Unheil in der Welt anrichten, erfordert unsere Aufmerksamkeit, sondern auch der oftmals angezeigte richtige Gebrauch ist einer Bestimmung wert, inwiefern er anwendbar und sogar manchmal nötig ist.

Selbst von der moralischen Seite läßt sich etwas darüber sagen, wo der Gebrauch solcher Mittel, welche den Begattungstrieb befördern, erlaubt oder verwerflich wäre. Doch dieser Punkt gehört nicht in die Schranken des Arztes, der nur den Körper und seine Erhaltung zu betrachten hat; obgleich nicht zu leugnen ist, daß moralisches Gefühl auch stärkend und schwächend auf diesen einwirke.

§ 2. Wenn wir zu der Kränklichkeit des Körpers übergehen, und die geschwächte Beschaffenheit eines Menschen in Ansehung seiner Fähigkeit, den Fortpflanzungstrieb in Ausübung zu bringen, behandeln, so sind allerdings Mittel nötig, diesen wieder herzustellen; allein diese gehören zu den Arzneien und sind nicht zu jenen Mitteln zu zählen, die bei gesundem Körper zu diesem Zwekke angewendet werden.

§ 3. Ich will nicht sagen, daß derjenige nicht aus den Schranken der Natur sich verliert, der, um mehrere Opfer der Liebe, oder, um mich richtig auszudrücken, der Wollust zu bringen, Mittel aufsucht, seinen Trieb zu diesem Geschäfte zu vermehren; es ist im Gegenteil gewiß, daß er der Natur vorgreift, daß er wirklich seiner körperlichen Maschine einen Zwang auflegt, und den Gang derselben mit Gewalt beschleunigt, daß er sie folglich vor der Zeit aufreibt und an ihrem Ruin selbst schuld ist.

Allein ungeachtet dieser Wahrheit, ungeachtet dieser öftern eignen Überzeugung davon, thut man es doch. Das Gefühl der Wollust siegt über jeden vernünftigen Grund, und da einmal der Mensch geneigter ist, die Gegenwart zu benutzen, als sich in die Zukunft hinein mit seiner Kraft zu verwahren, so wird auch in diesem Falle die Möglichkeit, sich augenblicklichen Genuß zu verschaffen, benutzt und der daraus entspringende Nachteil übersehen.

§ 4. Unter solchen Umständen greift nun ein jeder nach dem Mittel, welches ihm angeraten wird, ohne sich zu bemühen, erst zu untersuchen, ob dieses auch schädliche ja oft tödliche Folgen auf seinen Körper haben kann.

Ich erwähne hier gleich eines Mittels, welches ich zu diesem Endzwecke gern gänzlich verbannt wissen möchte, ich meine die Kanthariden oder spanischen Fliegen.

Soviel Unfug im allgemeinen mit diesem, zu rechter Zeit angewandt, so vortrefflichen Reizmittel innerlich und äußerlich getrieben wird, so ist es doch gerade zu diesem Endzwecke ein ganz besonders schädliches Medikament, oder vielmehr Hilfsmittel, um den Begattungstrieb zu erhöhen. Ich nehme es hier immer nur in dem zwar irrigen, aber doch noch einigermaßen zu entschuldigenden Gebrauch, um Vermehrung dieses Triebes, welche fehlt, oder dessen Vollendung, welche mangelt, hervorzubringen.

Denn was die Beförderung der Wollust bei Subjekten, die ohnedem schon der Zeugungskraft sich erfreuen, betrifft, so ist dieses Verfahren unter aller Kritik, und gehört unter die Menge der Natur-Entartungen, die jetzt unsere junge Welt vergiften.

An diesem Mittel starb schon mancher, und ich habe das Beispiel an einem jungen, blühenden Manne erlebt, der eine unersättliche Geliebte hatte, die er gern befriedigen wollte, derselbe gab an einer zu großen Gabe (Dosis) Kanthariden, welche er eingenommen hatte, den Geist auf.

Gern hätte seine Geliebte sein Leben mit Millionen, die sie besaß, erkauft.

Aber auch in nicht so tödlicher Dose, als ein Reizmittel zu diesem Triebe genommen, verfehlt es auf verschiedene Weise ganz den Zweck, den man davon erwartet.

Einmal ist der heftige Reiz, den es macht, gar mit keiner angenehmen Empfindung verbunden, sondern es ist mehr eine schmerzhafte Spannung, die nach dem Geschlechtsgenusse eine Erschlaffung nachläßt, die keinem noch so verstärkten Reize nachher mehr weicht.

Es entsteht darnach ein wahrer Starrkrampf des männlichen Gliedes, ja bis zur heftigsten Entzündung kann sich solch ein Zustand steigern. Ist der Wollüstling nun noch beflissen, den unmäßigen Drang zum Liebesakte zu befriedigen, so spritzt wohl gar statt des Samens Blut aus der Harnröhre. Möge doch der Himmel jeden vor der Anwendung solcher gefährlichen Mittel behüten!

Selbst der Akt wird oft dabei schmerzhaft, die so zunehmende Wut, mit welcher er ausgeübt und geendet wird, greift den Körper so sehr an, daß nicht selten ein gänzliches Unvermögen folgt, und man sich einer Lebensfreude ganz beraubt, indem man sie vergrößern will.

Die Wirkungen der spanischen Fliegen auf die Blase und Harnröhre sind erwiesen, und erklären sich aus den dort bloß liegenden Nerven sehr gut. Denn der ganze Körper leidet dadurch, nur wird die Empfindung vermindert, weil da die Nerven bedeckter sind, sei es durch Fett, Fleisch oder Schleim, und also eine geringere Erregung der Reizbarkeit stattfindet.

Ich habe noch vor wenigen Wochen bei einem jungen Manne Blutharnen, und bei einem andern Verhaltung des Harns mit Krampfzufällen, aus einem bloß unzeitig aufgelegten Visikator entstehen sehen.

Also meide man in jedem Falle den Gebrauch dieses Mittels, um den Reiz bei der Befriedigung des Begattungstriebes zu vermehren. Es mag nun dieses Mittel in Pulver oder Tinktur gegeben werden, so ist es schädlich, schwächend, verderbend.*)

*) Die Kanthariden sind, abgeshen von ihrer Schädlichkeit, nach neueren Experimenten völlig nutzlos. Sie haben eine ganz spezifische Wirkung auf das System der Harn-Organe, verursachen daher in nur einigermaßen größerer Dosis heftiges Brennen in der Harnröhre, dagegen sind sie völlig außer stande, Erektionen des Gliedes oder gar Ejakulationen von Samen hervorzubringen. Das Terpentilöl teilt mit den Kanthariden die reizende Wirkung auf Nieren, Blase und Harnröhre, und das ganz indifferente Verhalten gegen die Geschlechtsorgane.

Ebenso alle übrigen zu heftigen Reizmittel. Man vermeide sie gänzlich.

Minder schädlich sind in den Fällen, wo man sich zu diesem Akte stärken zu müssen glaubt, und wo es allenfalls verantwortlich ist, die eigentlichen stärkenden oder anhaltenden Reizmittel.

§ 5. Ich zähle hierher die feinern Gewürze, besonders den Kanel, dessen Tinktur unschädlich ist, und wenn sie nicht in gar zu großer Dose genommen wird, eine sanfte Reizung über den ganzen Körper verbreitet, die der Natur Stärke verschafft, durch sich selbst wirksamer zu werden. Die übertriebene Anstrengung durch Kanthariden und ähnliche Mittel ist ein krankhafter Zustand.

Ich werde am Ende dieser Bemerkungen einige Verordnungen hinzufügen, deren Dose jeder nach seinem Gefühle vergrößern mag, wenn er sich nur vornimmt, seine Gesundheit nicht dabei aufs Spiel zu setzen.

§ 6. Im allgemeinen sind die besten hierzu anreizenden, und also sogenannten stimulierenden Mittel, welche die Natur selbst an die Hand giebt.

Der Umgang mit der Auserwählten, unschuldige, nicht ins Unsittliche fallende Liebkosungen, Neigung von beiden Seiten gegen einander, Reinlichkeit im äußersten Grade, Schritte, die die Seele zuletzt doch auf das körperliche bringen, Unterhaltung, Heiterkeit, Witz, Laune, Spiele der Einbildungskraft, Entziffern verborgener Schönheiten, stufenweiser Übergang zum Genuß, sind Mittel, die man in seiner Macht hat, um den Reiz zu dem Zwecke, den man erreichen will, zu vermehren; Mittel, die die Natur rechtfertigt, die die Sittlichkeit nicht beleidigen, die im stillen Aufenthalte der Liebe in tausend Falten sich wenden lassen, immer neu und reizend dastehen, und dem Geiste so viel Höhe, wie dem Körper Reiz geben.

§ 7. Wer diese Mittel der Natur nicht anwenden kann, wer abgestumpft für solche Gefühle ist, der wage es um so weniger, zu heftig reizenden Mitteln seine Zuflucht zu nehmen, da ihm gewiß das Los einer gänzlichen Entkräftung alsdann bevorsteht.

Hiermit ist garnicht gesagt, daß ein solcher an der Möglichkeit, dieser Freuden wieder theilhaftig zu werden, verzweifeln soll. Die Geschlechtsteile gehören zwar in Ansehung ihrer Verrichtung zu den edelsten, aber in Ansehung ihres Verhältnisses zu dem übrigen Körper nehmen sie, nach einer sehr weisen Einrichtung, nur eine untergeordnete Stelle ein, und sind der Lebenskraft nur dann nachteilig, wenn wesentliche Krankheiten, deren Rubriken nicht hierher gehören, von ihnen aus auf andere zur Lebenskraft nötigere Teile wirken.

Aber ich habe ja in mehreren meiner Schriften über die Fehler der Geschlechtsteile und ihre mögliche Verbesserung weitläufig genug behandelt, und jeder, der sich so fühlt, mag erst durch eine radikale Kur von seinem übrigen Körper auf die Geschlechtsteile die heilsamen Wirkungen erwarten, und dann werden ihm auch jene Mittel wieder willkommen sein.

§ 8. Indessen sage ich nicht, daß einem erschlafften Reize, der bei einem oder dem anderen Teile eines Ehepaares sich einfindet, nicht zu Hilfe zu kommen sei.

Etwas davon ist schon im vorhergehenden erwähnt worden, und ich berufe mich darauf. Aber die Nahrung thut sehr viel. Besonders habe ich von einigen Gläsern warmen Weins mit Kanel, von einem Eierwein, und von einigen Mitteln, die man im letzten Paragraph finden wird, sehr guten Effekt gesehen.

Wenn man auf Wirkung von Speisen gehen will, so möchte ich wohl behaupten, daß unter allen Fleischspeisen das magere Schweinefleisch die nährendste Kraft habe und die meisten Säfte zur tierischen Reproduktion gebe, so sehr ich es in Krankheitsfällen verwerfe. Auch gutes saftiges Rindfleisch befördert diese, doch wohl gemerkt, wenn die Wirkung davon sich zeigen soll, und gerade zu diesem Endzwecke die Mahlzeit gehalten wird, so muß dies des Mittags geschehen. Am Abend würden weiche Eier, Sellerie, gewürzte Speisen eher dem Effekte entsprechen.*)

§ 9. Wärme ist wesentlich zur Vermehrung des Reizes zu diesem Triebe, und besonders Bettwärme, nötig. Nicht weniger ist alles zuträglich, was die Geruchsnerven reizt, und in dem berühmten Bette, welches ein Engländer (Graham) zur Beförderung der Fruchtbarkeit erfand, waren die verschiedenen Dünste, die nicht allein auf die Geruchsnerven sondern auf Lunge und Haut wirkten, sehr genau mit berechnet.

Als ein vortreffliches Ausdünstungsmittel wirkt Kanel und Nelkenblumen mit Lavendel, Rosmarinwasser und Essig zu gleichen Teilen übergossen, und auf dem Feuer verdunsten gelassen. Es giebt dieses eine angenehme Reizung für die Geruchsnerven und stärkt im ganzen so sehr, daß ich es Eheleuten, die gern fruchtbar sich wissen möchten, als ein bedeutend beitragendes Mittel empfeh-

---

*) Selleriesalat spielt bekanntlich eine große Rolle unter der Anzahl der diätischen Hilfsmittel zur Erregung des Geschlechtstriebes. Aber auch er genießt einen völlig unverdienten Ruf.

len kann. Es kann dieses Mittel, in einem Arzneiglase auf Kohlen gesetzt, zum Kochen gebracht werden.

§ 10. Zum Schlusse zeige ich hier einige Mittel an, deren man sich bei übrigem Wohlbefinden und nicht kränklichem Zustande ohne allen Schaden als Reizmittel zu einer größern Spannung zu diesem Akte bedienen kann.

Rec. Aq. menth. piper.	75,0
Tinct. cinnam.	15,0
Syrup. Cort. tinnamon.	30,0

M.D.S. davon beim Schlafengehen einen Eßlöffel voll zu nehmen.

Bei den Mitteln kann man ein Glas warmen Wein nachtrinken, und man wird sich wohl und gestärkt dabei fühlen.

Rec. Extr. Quass.	2,0
Elixir. visceral. Hofm	15,0
Chin. Whytt.	5,0
Spirit. sulphur. aether. mart.	8,0

M.D.S. Täglich dreimal 80 Tropfen.

Es kann das männliche Zeugungsvermögen auf Nerven- und Muskelschwäche beruhen, wozu Krankheiten, Kummer, Sorgen, Traurigkeit, Überreizung beigetragen haben. Da soll man, doch nach ärztlicher Verordnung, China, Quassia, Vanille, Clombo gebrauchen, ingleichen Eisenmittel, Stahlbäder, Pyromonter Wasser, Driburg, Seebäder, kalte Tauch- und Douchebäder. Waschen des Mittelfleisches mit Hofmannschem Likör und Ameisenspiritus ist anzuraten. Ferner:

Die äußersten Spitzen von Rosmarinblumen 15 Gramm,

Salbei	15 Gramm
Ysop	30 Gramm
Lavendelkraut	30 Gramm
Majoran	60 Gramm
Rotwein	2 Pfund

Diese Kräuter 6 Tage lang im Weine weichen lassen, ausgedrückt und mit dem Weine Umschläge um die Geschlechtsteile gemacht.

Als Diät der Genuß eines alten, kräftigen Weines mit Gewürzen, nahrhaften Fleischbrühen mit Eiern, Fleischkost, Austern, Schnecken, Salep, Schokolade u.s.w.

§ 11. Ich schließe noch einmal mit der Bemerkung, daß jedermann besser thut, der Natur die Reize zu diesem Triebe zu überlassen, daß der Gesunde keiner Hilfsmittel bedarf, daß der Kranke seinen krankhaften Zustand untersuchen und heilen lassen muß, daß aber schwache Perioden in der Ehe entstehen können, wo man sich der erwähnten Hilfsmittel wohl mit Nutzen bedienen kann.

Im allgemeinen kann man von der in Rede stehenden Abnormität ganz dasselbe sagen, als von allen übrigen Störungen im Körper. Die Diät, die gesamte Lebensweise muß den Hauptteil der Behandlung abgeben, die ärztlichen Medikamente können die Kur nur unterstützen. Vornämlich muß dann der Arzt die verschiedenen Fälle individualisieren. Handelt es sich um ein geringes männliches Zeugungsvermögen in jungen Jahren, so sind 2 Fälle denkbar: Entweder es ist ein schwächliches Individuum, dessen sämtliche Organe, insbesondere das Muskelsystem, wenig leistungsfähig sind, oder es handelt sich um einen sonst kräftigen Mann, der nur in dieser einen Funktion, mit den übrigen keinen gleichen Schritt hält. Schwächlichen Männern reizend stimulierende Mittel geben zu wollen, wäre ein frevelhaftes Spiel mit fremder Gesundheit, wo nicht gar mit fremdem Leben. Hier ist es Pflicht des Arztes die größte Enthaltsamkeit zu empfehlen, ganz besonders in den Fällen, wo schwächlichen Männern - eine Beobachtung, die man täglich zu machen Gelegenheit hat - sehr kräftige, zu sinnlicher Lust sehr anregende, in Geschlechtsgenüssen unersättliche Frauen zur Seite stehen. Ein gemeinsames Ehebett ist hier sehr gefährlich; dagegen dienen, möglichst weite Trennung, größere Reisen - des Mannes allein - in schönen besonders gebirgigen Gegenden, Fußreisen, Aufenthalt in frischer Luft, möglichst wenig im Zimmer, stets im Garten, auf den Feldern, in großen Städten vor den Thoren. Dabei sind zu empfehlen nicht übermäßiges Laufen, aber beständig mit Fahren und Sitzen abwechselnd Winter und Sommer hindurch, kalte Abreibungen des ganzen Körpers. - Man benutze hierzu grobe Handtücher oder Bademäntel, taucht diese in eiskaltes Wasser und reibt damit den ganzen Körper ab. Hierauf ein ganz kaltes Bad, eine kalte Douche oder kalte Waschungen. Endlich wird der Körper mit recht groben Handtüchern getrocknet und dabei so stark gerieben, daß die Haut sich rötet. Dies thue man jeden Morgen gleich nach dem Aufstehen. Nur bei starkem Husten, bedeutenden gichtischen Beschwerden paßt diese Behandlung nicht.

Ferner sind Seebäder, Eisenbäder wie Franzensbad, Pyrmont, Spaa, daneben einen guten alten Madeira, oder - viel besser! - Portwein, und rohes geschabtes Rindfleisch sehr heilsam.

Kräftigen jungen Männern, die geschlechtlich entweder von Hause aus oder temporär geschwächt, wird ein Mädchen oder ein Weib, daß in hohem Grade ihre Zuneigung besitzt, eine Ehe, die auf gegenseitige Zuneigung beruht, die verlornen Fähigkeiten ziemlich rasch wiedergeben. In besonders hartnäckigen Fällen thut Veränderung des Klimas sehr wohl.

Was die ältern Männer anlangt, so werden dieselben im Umgang mit jüngeren Leuten, besonders jungen Mädchen und Frauen, in reger Teilnahme an allen Vergnügungen ihre Rüstigkeit länger behalten, als wenn sie nur an Altersgenossen und deren Zerstreuungen und Ernst sich halten. Ehen mit jugendlichen Frauen haben vielfach schon das Erlöschen der Zeugungsfähigkeit älterer Männer auf lange Zeit hinausgerückt.

Von der Kunst gesunde, starke und wohlgebildete Kinder zu zeugen.

Diese Kunst beruht nicht etwa auf geheimen Mitteln und Anordnungen, sie ist begründet in der passenden Übereinstimmung der Gatten, und ist über die beiderseitige Wahl schon in den vorigen Kapiteln das nötige gesagt worden. Aber auch ein schwächliches Ehepaar kann gesunde und wohlgebildete Kinder zeugen, wenn ein mäßiges Leben stattfindet, und die Befriedigung des Begattungstriebes nicht zu oft geschieht. Ein schwächlicher Mann und eine starke, gesunde Frau bringen oft eine ganz gesunde Nachkommenschaft hervor, jedoch nicht immer umgekehrt. Besser ist jedoch, wenn beide Gatten stark, gesund und kräftig an Leib und Seele sind. Es gehört ferner noch dazu eine Übereinstimmung der Seelen beider, eine innige Zuneigung; denn eine erzwungene, sogenannte Pflichtbegattung, ist entweder ganz und gar unfruchtbar, oder erzielt doch nicht immer schöne, kräftige Kinder. Die Ehegatten dürfen den Akt nicht nach großen körperlichen Anstrengungen, Erschöpfungen, Trinkgelagen, Zank und Gemütsbewegungen ausüben. Kränkliche Personen sollten garnicht zur Ehe gelassen werden. Schwindsüchtige, Fallsüchtige, von Krämpfen behaftete Personen sind oft zur Zeugung unfähig, und bringen schwächliche, elende Kinder zur Welt, besonders wenn das Weib mit solchen Übeln behaftet ist. Ehegatten müssen den Begattungsakt so lange als möglich aufsparen, um eine bedeutende Masse Befruchtungsflüssigkeit bei dem Zeugungsgeschäft, das alsdann um so inniger, kräftiger geschieht, zu entleeren. Gute Nahrung, ein laues Bad, heitere Spaziergänge, Beschäftigung mit angenehmen Gegenständen, Vermeidung aller niederdrückenden Leidenschaften; Scherze, gegenseitige Tändelei müssen dagegen vohergehen. Das Weib besonders muß sich mit angenehmen Phantasiebildern beschäftigen, muß Bilder, Statuen von schönen Knaben und Mädchen um sich haben; denn die Einbildungskraft übt hierin eine bezaubernde Gewalt aus. Bei dem allen darf von seiten der Ehegatten der Zeugungsakt nicht stürmisch ausgeübt werden; man suche das Feuer zu mäßigen, damit der Ergießung des Samens eine gehörig lang andauernde Friktion und beiderseitiges Entzücken vorhergehen. Man möge sich zu dem Akte allenfalls mit einem Glase Wein stärken; aber heftig aufregende Mittel sind schädlich. Den Zeugungsakt zu oft hintereinander auszuüben, taugt nichts, der Same wird zuletzt wässrig und befruchtet nicht.

Von den vohergehenden nachteiligen Hochzeitsgelagen ist schon oben die Rede gewesen. Ein hauptsächliches Mittel zur Erzeugung wohlgestalteter Kinder ist ein gutes Verhalten während der Schwangerschaft.*)

Die Schwangere muß alle anstrengenden Arbeiten, wie auch alle heftigen Leidenschaften vermeiden, sich, man möge auch darüber spötteln, vor dem sogenannten Versehen in Acht nehmen, nicht über alles erschrecken.**) Die ehelichen Pflichten müssen während der Schwangerschaft nur selten ausgeübt werden. Bewegung in freier,

---

*) Schwangere Frauen werden sehr oft von einem lästigen Erbrechen, das sich bis zur Hälfte der Schwangerschaft hinzieht, geplagt. So lästig dies auch ist, kann es doch nicht ganz beseitigt, wohl aber gemäßigt werden. Es rührt von einer Nervenreizung her, die Schwangeren eigen ist. Wird es zu heftig, so können Brüche und unzeitige Geburten dadurch herbeigeführt werden, auch leidet die Ernährung des Körpers der Schwangeren und der Frucht, bei vollblütigen Personen paßt ein Aderlaß am Arme; sind Unreinigkeiten in den ersten Wegen, gelinde Abführungen, Riverstrank, Brausepulver, Kremortartari-Auflösung. In hartnäckigen Fällen: Äther (15 Tropfen), Eis, Opium, Jodtinktur (2 bis 3 Tropfen). Vielfach hängt dieses Erbrechen, besonders bei Erstgebärenden, mit sehr unnachgiebiger Härte des unteren Gebärmutter-Abschnittes zusammen und weicht nach einer geschickten Behandlung dieser Rigidität.

**) Es läßt sich nicht umgehen, an dieser Stelle einige Worte auf die wissenschaftliche Entscheidung der Frage zu verwenden, ob die Frucht vor dem Versehen eine wirklich begründete ist. Diejenigen Zeugungstheorien, die eine rein körperliche Zeugung annehmen, diese rein materielle Grundlage noch während der ganzen Schwangerschaft als die alleinig wirksame ansehen, sind längst vor dem Richterstuhle der Kritik gefallen. Dem psychischen Leben läßt sich der Anteil an der Zeugung und Entwicklung des Embryo gar nicht schmälern; ja gerade in der neuesten Zeit ist man geneigt dem Gemütsleben auf Kosten der bloß materiellen Theorie eine ungeheure Rolle zu vindizieren. Prüfen wir, mit welchem Rechte? Selbst von der kühnsten Phantasie geleitet, können wir annehmen, daß die Ähnlichkeit des Vaters und seines Kindes, wie sie nachher oft wunderbar überraschend sich herausstellt, schon in dem Tröpfchen Samen, der zur

heiterer Luft, ohne den Körper anzustrengen; man lasse eine leichte nährende, nicht belästigende, vegetabilische Diät beobachten, und alle scharfen Gewürze und geistigen Genüsse meiden. Enge Kleidung, Schnürleiber, Bänder, welche die Schwangern belästigen, müssen abgelegt werden. Es ist bloß eine leichte, wollene, warme Bekleidung erforderlich; alle starken, erschütternden Bewegungen sind zu verwerfen, so auch heftige Eindrücke aufs Nervensystem, starke Gemütsbewegungen, Gerüche, Erkältungen und Erhitzungen; Heben und Tragen schwerer Lasten ist zu vermeiden. Dadurch werden auch un-

---

Befruchtung ausreicht, angelegt ist? Wenn alle Kinder eines Vaters an derselben Stelle eine Warze einmal haben, da wo es ihr Erzeuger hat, enthielt das bißchen Samen auch noch Samen für die Warze? Kann sich nicht alles, das kleinste, das unscheinbarste durch Generationen vererben? Worin liegt also allein die Erklärung für dieses höchst wunderbare Phänomen? Offenbar spielt hier eine geistige Perzeption, eine geistige Empfängnis mit. Die Befruchtung kommt fast nur da zu stande, wo ein hoher Grad der mütterlichen Erregung statt hat. Diese Erregung, dies oft wonneberauschende Gefühl, wobei sie auf das innigste, allseitigste, ich möchte fast sagen, künstlerisch den Spender ihrer Freuden auffaßt, in ihr Herz und ihre Phantasie schließt - dies allein bringt die Ähnlichkeit zu stande, die nachher oft so sprechend wird. Diese Erregung erlischt nicht mit dem Moment der eingetretenen Befruchtung, sondern dauert während der ganzen folgenden Periode der Plastizität fort, wenn auch in geringerem Maße: nicht bloß das Blut der Schwangeren ist an der Erschaffung des Kindes beteiligt, sondern ihr ganzes Nervensystem. Kann es uns nun noch Wunder nehmen, wenn selbst die geringste Gemütserregung während der Schwangerschaft auf die Produktion des Embryo Einfluß gewinnt? Wenn jedes Schreckbild, das unerwartet, urplötzlich vor die beständig in hoher Erregung befindliche Phantasie der Mutter tritt, auf die Plastizität in ihrem Schoße wirkt? Wie zahlreich sind die Fälle, wo die erschreckte Mutter plastisch das wiedergiebt, was ihr jenes Entsetzen bereitet hat? Wollen wir noch also den alten Glauben an „Versehen“ bespötteln oder werden wir nicht vielmehr alles aufbieten, um unsere schwangern Frauen vor derartigen bedeutenden Gemütsbewegungen zu bewahren?

zeitige Geburten verhütet, die bei Exzessen in der Lebensart gar leicht erfolgen können.

In diesen wenigen Worten liegt das ganze Geheimnis; wer es aber wo anders sucht, der irret.

Frauen, welche Anlagen zu unzeitigen Geburten haben, müssen außer der Beobachtung schon genannter Regeln sich baden in eisenhaltigen Wässern, als Pyrmont, und solche auch trinken, das heißt in der nicht schwangeren Zeit. Während der Schwangerschaft viel liegen, Waschen des Leibes und Kreuzes mit Spiritus u.s.w.

Nach der Entbindung tritt das Stillen des Kindes ein.*) Der ungestörte Wochenfluß, die vermehrte Hautausdünstung bringen die Wöchnerin wieder in Ordnung. Weder zu frühes Aufstehen, noch zu reizende Genüsse geistiger und materieller Art sollen hier störend eingreifen. Besonders hat sich eine Wöchnerin vor allen nur möglichen Exzessen zu hüten. Der Geschlechtsgenuß muß, wie schon in den vorigen Kapiteln gesagt worden

---

*) Eine sonst gesunde starke Frau muß ihr Kind womöglich selbst stillen, wenn ihre Gesundheit dauerhaft sein soll. Um dies nach der Geburt des Kindes zu vermögen, mache sie sich schon in den letzten Monaten vor ihrer Niederkunft geschickt dazu. Vorbereitungen dazu sind Waschen der Brustwarzen mit Franzbranntwein, um das Durchsaugen zu verhüten. Hervorsaugen der Warzen durch die Milchpumpe, zwölf Stunden nach der Niederkunft muß das Kind schon angelegt werden, um Milchversetzungen und daraus entstehende Krankheiten zu verhüten. Stellt sich das sogenannte Kindbettfieber (nicht zu verwechseln mit dem Milchfieber, das jede Wöchnerin bekommt) ein, das in der Regel mit Entzündungen der Gebärmutter, der Scheide, der Eierstöcke und Unterleibsorgane vergesellschaftet ist, so muß zum Arzt geschickt werden.

ist, auf zwei bis drei Monate vermieden werden. Soviel als möglich muß eine Frau ihr Kind selbst zu stillen suchen; sie darf dasselbe aber nicht länger stillen, als bis die monatliche Regel wieder eintritt. Im allgemeinen darf keine Frau länger als ¾ Jahr ihr Kind stillen, weil sie sonst selbst zu sehr leidet. Stellt sich aber die Regel wieder ein, oder wohl gar eine neue Schwangerschaft, so muß das Kind von der Brust sogleich entwöhnt werden.

Noch einmal komme ich aufs Wochenbett zurück. Alle Wochenbesuche der Nachbarinnen und Gevatterinnen müssen vermieden werden. Zur Nahrung passen leichte Fleischbrühen, Reis, Gräupchen, schleimige Mittel und Getränke, ein dünnes Bier. Die Leibesöffnung kann ohne Nachteil einige Tage stocken, und darf nicht durch heftige Purganzen erregt werden; etwa ein leichter Trank von gebackenen Pflaumen, in Wasser gekocht, dürfte nicht schädlich sein. Die gebräuchlichen Kindtaufengelage gereichen der Wöchnerin öfters zum größten Nachteil, man sollte daher das Kind nicht eher als nach sechs bis acht Wochen zur Taufe tragen; denn die Wöchnerinnen sündigen mehr oder weniger gegen die Regeln, welche sie zu beobachten haben. Die erschütternden Taufreden der Prediger regen oft das Nervensystem der Wöchnerin zu sehr auf; daher sind die Haustaufen, in Gegenwart der Mutter des Kindes, nicht anzuraten.

Unter solchen Umständen können die Kinder gedeihen, und die Mütter bleiben gesund, und vermögen noch mehr gesunde und schöne Kinder zu zeugen.

Die Erziehung und Ernährung der Kinder können hier nicht zum Gegenstande unserer Betrachtung gewählt werden, sie umfassen bogenreiche Werke und das würde für dieses Heftchen zu ausgedehnt sein.

Etwas über Zeugungsunfähigkeit beider Geschlechter.

Zuerst vom Manne.

Ausschweifungen der Liebe, zu frühe Verschwendung des Samens, anstrengende Geistesarbeiten, Genuß geistiger Getränke im Übermaß, Schwäche, Lähmungen einzelner Teile machen öfters den Mann unfähig, den Begattungsakt auszuüben. Diese Übelstände können aber durch ein tugendhaftes Leben, durch Enthaltsamkeit, kalte Waschungen, Bäder, Douche beseitigt werden, und muß man hierüber einen gescheiten Arzt zu Rate ziehen. Über unwillkürliche Samenergießungen ist schon geredet worden. Liegen Störungen der Verdauung zu Grunde, so muß die gute Verdauung durch magenstärkende bittere Mittel wieder hergestellt werden. Gewürze, Wermut, China stehen hier, nach gehöriger Reinigung der ersten Wege, an ihrem Platze.

Wo es dem Körper an kräftiger Nahrung fehlt, lasse man Milch mit Eiern, Fleisch von Hühnern und Tauben, kräftige Brühen, sogar von Fröschen und Schildkröten genießen. Zu Getränken paßt ein guter alter Wein, der die Verdauung am besten befördert; ein gut gegohrenes kräftiges Bier ist nicht zu verwerfen; gehöriger Schlaf und Ruhe muß mit der Arbeit gleichmäßigen Schritt und Abwechslung halten. Der Genuß der frischen Luft darf nicht vernachlässigt werden. Vor allen anderen Arkanen, Pillen, Tränken, Tinkturen und Geheimmitteln ist zu warnen.

Organische Fehler und Gebrechen, Mißbildungen der Zeugungsorgane, welche die Zeugung verhindern, sind

Gegenstände einer eigenen Bearbeitung und gehören vor das Forum der Ärzte.

Noch ist angeborene Schüchternheit und Blödigkeit bei manchen Männern ein Hindernis der Begattung. Manche jungen Männer fliehen vor den Weibern. Diese Schüchternheit wird durch den Umgang mit tugendhaften Jungfrauen beseitigt; man gewöhnt sich aneinander, gewinnt gegenseitige Zuneigung, und wenn sonst keine Unnatürlichkeiten zu Grunde liegen, so findet sich die Anziehung beider Geschlechter bald. Es giebt Männer, welche bloß deswegen zeugungsunfähig sind, weil sie bei allen ihren geistigen Vorzügen sich nicht für kompetent halten, einem Weibe beizuwohnen; ein Beispiel dieser Art soll Friedrich der Große gewesen sein.[*] Hier dürfte der Rat eines Arztes nicht zu verachten sein; denn Zureden hilft. Der Mann setze ein festes Vertrauen in sich, wenn er sonst körperkräftig genug ist, und der Akt wird gewiß gelingen, wenn keine Abneigung zum Weibe, das er zur Lebensgefährtin gewählt hat, vorhanden ist. Sind Männer zu gleichgültig, zu phlegmatisch, so ist ihnen anzuraten, daß sie ihre Phantasie etwas aufregen, um ihr Feuer an der Glut ihrer Weiber anzuzünden.

Einen Beweis, wie die Natur die Mißbildungen ausgleicht, giebt der französische Arzt Dr. Giraudau de Gervais, welcher einen Mann - mit Öffnung der Harnröhre tief unter der Eichel des männlichen Gliedes, was gemein-

---

[*] Diese Mitteilung ist überraschend. Aus den Briefen der Lieblingsschwester Friedrich des Großen, der Markgräfin von Bayreuth, über diesen als Kronprinzen gewinnt man ein anderes Bild von ihm. Es heißt dort an einer Stelle wörtlich: "Er war sehr liederlich, besuchte alle schlechten Häuser und nahm vorlieb mit dem, was er vorfand, ohne sich von den üblen Krankheiten, die er mehrmals davon getragen hat, witzigen zu lassen."

hin eine Ursache zur Unfruchtbarkeit ist - beobachtet, der dennoch mit seinem Weibe gesunde Kinder zeugte. Während des Aktes der Begattung setzte er, nach Ausspritzung des Samens, die Friktionen mit dem männlichen Gliede fort, wodurch die befruchtende Flüssigkeit zum naturgerechten Orte der Bestimmung gleichsam im Muttergange hingeschoben wurde. Die Kunst vermag ebenfalls durch manche ganz leichte Operation viel; eine zu enge Vorhaut kann getrennt, vorhandene Geschwülste können weggenommen werden u.s.w.

Ein zu langes, oder zu kurzes, ein mißgestaltetes männliches Glied kann bei passender Lage dennoch kein Hindernis zur Fruchtbarkeit abgeben.

Männliche Impotenz kommt seltener vor, als angenommen wird. In den meisten kinderlosen Ehen trifft die Frau die Schuld. Wo der Mann impotent ist, können entweder allgemeine oder lokale Veranlassungen vorliegen.

Körperliches Siechtum, hoher Grad von Lungenschwindsucht, allgemeine Abzehrung, Leiden des Rükkenmarkes oder des Gehirns, höheres Alter führen vielfach zur Impotenz. Hierher gehören ferner Schwächezustände, welche auf großer Erschöpfung infolge bedeutender geschlechtlicher Ausschweifungen beruhen; starke, jahrelang getriebene Onanie ist ein besonders häufiger Grund. Ferner trifft man Impotenz bei Blödsinn und anderen Geistesstörungen an. Unter den örtlichen Bedingungen männlicher Zeugungsunfähigkeit erwähne ich folgende: Krümmungen des Gliedes (chorda), Geschwülste der Hoden, meist auf Bindegewebsentwicklung infolge von Hodenentzündung beruhend, ferner syphilitische und krebsartige Geschwülste des Hodens. Endlich kommt Impotenz notorisch in einer Reihe von Fällen vor, wo sich irgend eine Grundlage für dieselbe garnicht auffinden läßt. Die chemische Analyse giebt in solchen Fällen gar keinen Aufschluß, wie ja die Chemie auch in Bezug auf den normalen Samen, und dessen weitere Laufbahn uns völlig im Stich läßt. Aber das Mikroskop bietet einige Anhaltspunkte: Die Bewegung der Samenfäden ist in solchen Fällen oft zu träg oder gar sistiert oder der Same ist sehr arm an diesen festen Bestandteilen, zu wässrig, zu verdünnt. Die Mittel, welche man gegen männliches Unvermögen kennt, besprechen wir später.

Von der Zeugungsunfähigkeit des Weibes.

Wie schon mehrmals erwähnt ist, so kann die Unfruchtbarkeit des Weibes in organischen Mißbildungen, nicht selten aber auch in zufälligen Krankheitszuständen begründet sein. Der fehlerhafte Bau des knöchernen Bekkens, Geschwülste, Verhärtungen, Wassersuchten, Verwachsungen der Gebärmutter, der Trompeten, der Eierstöcke, des Mutterganges, gänzlicher Mangel der Gebärmutter sind freilich Mängel, welche die Kunst nicht immer beseitigen kann; aber ein zu starkes Hymen, die verwachsenen Schamlippen, die leicht zusammengewachsene Scheide werden künstlich getrennt, ein Darmriß, ein Riß in die Urinblase, durch eine jetzt nicht schwierige Operation, wieder vereinigt und so das Weib wieder zur Zeugung und zur Begattung geschickt gemacht. Chronische Entzündungen der Gebärmutter, der Scheide und der inneren Geburtsteile, Geschwüre derselben, können durch Kuren geheilt werden. Geschwülste in der Scheide, fehlerhafte Lage der Gebärmutter werden durch sogenannte Mutterkränze und verschiedene andere Instrumente, durch orthopädische Manipulationen oder durch chirurgische Operationen in die gehörige Lage gebracht. Verursacht ein zu langes männliches Glied Schmerzen bei der Begattung, so vermag die Kunst durch vor die Scham angebrachte Vorrichtungen das Mißverhältnis auszugleichen. Sind Polypen in der Scheide, so muß der Wundarzt sie operieren; ist ein zu langer Kitzler das Hindernis der Begattung, so wird er auf dem operativen Wege weggenommen. Brüche, Mutter- und Scheidenvorfälle kann man durch passende Mutterkränze beseitigen. Vorwärts- und Rückwärtsbeugungen der Gebärmutter sind oft durch eine einfache Hilfsleistung des Wundarztes entfernt worden; hierzu gehören auch die Umstülpungen. Scheidenspiegel und Preßschwämme haben oft die verengerte Scheide dergestalt erweitert, daß durch sie die Begattung geschah und Schwangerschaft erfolgte.

Dies alles sind indes Dinge, welche mich hier zu weit führen würden und wo man ohne den Arzt nicht fortkommen kann; dies gilt auch von Nervenschwäche, fehlerhaftem Monatsfluß, weißem Fluß u.s.w.

Anders ist es jedoch, wenn Gatten miteinander verbunden sind, wo ein oder der andere Teil eine Abneigung hat, welche nicht durch Kunst von der andern Seite bezwungen, wohl aber durch sich selbst gemildert, gemäßigt werden kann. Der Vorsatz oder der Wille des Weibes vermag hier unendlich viel, besonders wenn bedacht wird, daß die Verbindung einmal geschehen und man sich darein ergeben müsse. Dies ist um so leichter, wenn der Mann durch ein angemessenes, solides Betragen des Weibes Eigensinn zu brechen vermag, ohne jedoch zu rohen Mitteln seine Zuflucht zu nehmen. Dem

Manne stehen Mittel genug zu Gebote die Abneigung einer Frau zu besiegen. Wir berühren hier ein Thema, über das sich dicke Folianten schreiben ließen, "eine alte Geschichte, aber ewig neu, und, wem sie just passiert, dem bricht's das Herz entzwei." - Wir meinen die Frauengunst. Was ist Frauengunst? Ist sie etwas konstantes, sich gleichbleibendes, ist sie eine ewig wechselnde Schimäre? Ist sie immer, durch irgend welche Vorzüge begründet, ist sie leeres Zufallsspiel, eitler Wahn? Sind es immer die schönen Männer, die das weibliche Herz in raschere Schläge versetzen? sind es die genialsten? sind es die originellsten? sind es die liebenswürdigsten? sind es die kräftigsten? sind es die zartesten? sind es die edelsten? Jeder Vorzug des Mannes kann das Weib fesseln. Schöne Männer machen rasche Eroberungen; viele Frauen aber hassen die Schönheit des Mannes. Wohl haben die häßlichen Männer im allgemeinen einen schwereren Stand; doch wem stürzten die Frauen so jählings, so preisgebend ihre soziale Stellung, ihre Ehre, ihren Ruf in die Arme, als Mirabeau, dem häßlichsten Manne, den es je gab, dem Manne mit dem pockenzerkratzten Tigergesicht, wie er es selbst bezeichnete? Ist es nicht das bucklige Ungetüm Herzog Gloster, dem das schöne Weib seines blutigen Opfers sich schließlich ergiebt? Im ersten Fall war mit der grenzenlosen Häßlichkeit etwas so dämonisches gepaart, dem die weiblichen Herzen nicht widerstehen konnten, das sie mit einer Heftigkeit fortriß, die ihnen die Besinnung raubte! Im letzten Falle ist es die männliche Zunge, - das Verführerischste für ein Weib! Hier zieht die männliche Kraft an, dort läßt sie kalt. Hier zieht der zarte Wuchs an, dort erweckt er Abneigung. Diesem Weibe sind originelle Männer gefährlich; jene giebt nur dem simplen Manne Hand und Herz.

Haben wir uns nicht etwa von unserem Ziele entfernt? Mit nichten. Unendlich häufig sind die Ehen und diejenigen ehelichen Verhältnisse, wo dem Manne der trübe Gedanken die Ehe verbittert, "was kannst du deinem Weibe bieten, wie willst du ihre innige, alleinige Liebe beanspruchen, wird ihre Liebe nicht hin sein, wenn sie schönere, geistvollere, glücklichere Männer sieht als dich?" Wie oft, daß der Mann das Weib nicht zu nehmen versteht, daß er ihr gleichgültig ist oder wird, und wie unendlich häufig liegt hierin der alleinige Grund, wenn solche Ehen unfruchtbar bleiben! Wie oft endlich sogar, daß der Mann seinem Weibe eine unüberwindliche Abneigung gegen sich einflößt! Also: es wird jedem Manne, er sei so häßlich wie er wolle, gelingen, sein Weib nicht bloß zu gewinnen, sondern sogar völlig zu beglücken, wenn er es richtig anfängt, wenn er nur nicht zu verfehlten Mitteln seine Zuflucht nimmt. Selbst, wo das Weib mit Abneigung und nur der Macht der Verhältnisse sich fügend vor dem Traualtar getreten, wird und muß dem vernünftigen und edlen Manne schließlich gelingen, sein Weib an sich zu fesseln. Das ganze Geheimnis beruht darauf, daß der Mann es verstehe, seinem Weibe zunächst Achtung einzuflößen, Achtung vor seinem Charakter, Achtung vor seiner gleichmäßigen männlichen Entschlossenheit, Achtung vor seinem Mut.

Diese Achtung kann sich jeder Mann durch ein gleichmäßiges, leidenschaftloses Verhalten erwerben.

Kann die Frau dem Manne ihre Achtung nicht versagen, so gewinnt derselbe in ihren Augen einen Wert, welcher sie so besticht, daß rasch die Liebe auf die Achtung folgt. Darum ist in den meisten unglücklichen Ehen, die Schuld auf Seite des Mannes; - er hat die Achtung seines Weibes verscherzt. Achtung vor seinen großen Eigenschaften ist die Grundlage der Frauenliebe zu ihrem Manne, diese Achtung wahrt die Liebe, führt sie an den mannigfachsten Klippen vorüber, diese Achtung bringt die verlorene Liebe zurück.

Diese Achtung vor dem Manne kann auch einen andern wichtigen Nutzen stiften. Unser Zeitalter ist überreich an sogenannten nervösen Frauen. Dieser modernen Krankheit sehen wir nicht selten unsere geistreichsten, liebenswürdigsten, bevorzugtesten und begabtesten Frauen verfallen. Und wie früh kehrt jetzt vielfach schon dieser lästige, entsetzliche Erbfeind aller glücklichen Ehen ein, gleich nach der Hochzeit, wenn nicht gar schon das Mädchen nervös gewesen ist. Solche nervöse Frauen bleiben sehr häufig unfruchtbar. Sie sind höchst bedauernswert, noch mehr ihre Männer und noch mehr ihr Arzt. Der letztere soll helfen, er soll gegen Krankheiten ankämpfen, die garnicht existieren, die meist nur imaginärer Natur sind, die, wenn sie irgend eine körperliche Grundlage haben, dann gewöhnlich nur eine so geringe, die mit der Stärke der konsekutiven hysterischen Beschwerden in gar keiner Verbindung steht. Charakterstärke würde hier viel helfen, das Weib muß sich ermannen. Und hierin muß ihr der Mann behilflich sein. Hat die Frau ebenfalls einen schwachen Mann, so ist gar keine sittliche physische Kraft vorhanden, an welcher sie sich anklammern könnte, um aus ihrer tiefen Depression und Schwäche herauszukommen. Dagegen werden Frauen niemals in so hohem Maße hysterisch werden, wenn sie energische, thatkräftige Männer zur Seite haben, Männer, die ewig gleichmäßig in ihren Worten und Handlungen sind, Männer, die nur bis zu einem gewissen Grad nachgiebig sind, Männer, die sich selbst in ihrer Gewalt haben. Das gute Beispiel vor Augen, werden sie sich herausraffen, sich ferner nicht mehr gehen lassen, und das eingebildete Leiden ist hin, hin ohne alle Arznei.

Liegen der Hysterie wirklich Krankheiten der weiblichen Teile zu Grunde, so wende man sich bald an einen Arzt. Versäumnis ist hier ein schwerer und verhängnisvoller Fehler. Später lassen sich diese Zustände schlechter zurückbilden, und die weibliche Unfruchtbarkeit bleibt.

Unfruchtbarkeit beobachten wir ferner ausnehmend häufig bei phlegmatischen Frauen. Die Bedeutung des Temperaments für die (Konzeption) Empfängnis haben wir im Vorhergehenden niemals unterschätzt. Bei dem feurigen Weibe fügt und schmiegt sich Alles während der Begattung so vollkommen, daß der männliche Samen in den weiblichen Teilen überall geöffnete Thüren findet, seinen Bestimmungsort also meist glücklich erreicht. Wie schwer hält dies aber bei der phlegmatischen Frau, dem kalten Weibe, das keinen Sinn, kein Verständnis hat für die schönen, für die berauschenden Genüsse des Ehebettes? Jedoch auch solch ein Weib wird konzipieren, wenn der Mann es versteht, sie hier und da einmal ihrem Phlegma zu entreißen und diese Momente dann für seine Zwekke benützt.

Eine beachtenswerte Anweisung bei den Frauen achtungsvoll zu erscheinen, liefert die Anweisung:

Anhang.

Die Selbstheilung der Selbstbefleckung oder der nächtlichen Samenergießung, des weißen Flusses, und die geschwächten Kräfte der Mannheit zu heben.

Im Auszuge mitgeteilt.

Der Kranke hatte sich durch das Laster der Selbstbefleckung so geschwächt, daß ihm der Same öfters nachts zu mehreren Malen und bei Erblickung eines schönen Frauenzimmers abging, sodaß er immer mehr in körperliche Schwäche verfiel. Er brauchte mehrere Ärzte, nahm eine Menge stärkender Arzneimittel, unterwarf sich der Hungerkur und wer weiß welchen Dingen noch - aber alles war vergebens, sein Übel nahm eher zu als ab. Endlich nahm er zu einer geregelten, mit Vernunft geleiteten, fast pedantisch strengen Diät und Wasserkur seine Zuflucht, und bewirkte dadurch seine vollkommene Genesung. Der Verfasser der Schrift war der Kranke selbst, das Werk, welches er über sich und seine Heilung niedergeschrieben hat, ist bereits in der 10. Auflage erschienen, und führt den Titel:

Neueste Entdeckung, wie neben dem Gebrauche einiger Medikamente und einem angemessenem Verhalten durch das bloße süße Brunnenwasser die Folgen der Selbstbefleckung, die unwillkürlichen nächtlichen Samenergießungen und der weiße Fluß auf das gründlichste und zuverlässigste geheilt und die geschwächten Kräfte der Mannheit zu dem höchsten Grade der Vollkommenheit gebracht werden können.

Durch Erfahrung und untrügliche Proben verbürgt. Zur Belehrung für Eltern und Lehrer. Heilbronn, Verlag von Joh. Ulr. Landherr. Firma: J. D. Classische Buchhandlung.

Preis: 3 Mark 75 Pfennige. 92 Seiten stark in Oktav und farbigem Umschläge.

Patient verfuhr bei seiner Kur auf folgende Weise: Er legte sich abends 10 Uhr zu Bette, stand früh 5 Uhr wieder auf und kleidete sich dann gleich an. Verspürte er eine Ausdünstung oder stärkere Wärme, so lüftete er etwas die Decke, um sich dadurch nachgerade abzukühlen, sodaß er ohne Zurücktreten des Schweißes aufstehen und sich ankleiden konnte. Beim Schlafen im Bette deckte er sich nur den Unterleib zu, die Hände behielt er auf der Decke, Oberleib und Arme waren mit einer wollenen Nachtjacke bekleidet. Im Winter war das Schlafgemach zur Nachtzeit von der Heizung am Tage noch mäßig warm. Früh nach dem Aufstehen, ½ Stunde etwa, nahm er einen Tag um den anderen 12 Tropfen der Sichererschen Tropfen, Tinctur concentrata, auf Zukker, doch war Patient darin so pedantisch streng, daß er die Tropfen auf das ganze, wie ein Vogelei große Stück Zucker verteilte. Dann wurde der Zucker langsam zerkaut und mit Speichel gehörig vermischt und dann verschluckt. Zuvor aber wurde mit etwas verschlagenem Wasser und Chinapulver Zähne und Zahnfleisch gereinigt, die Zunge mit einem Fischbeinstäbchen von Schleim gesäubert. Um 8 Uhr Frühstück, bestehend aus einem Brei, halb Milch und halb Wasser mit feinem Weizenmehl und etwas Schmalz, gleich mitgekocht. Der Brei darf nicht klümprig sein, auch nicht zu dick.

Das unten am Geschirr Angesetzte verursachte ihm oft Säure, wenn er es mit aß; auch durfte der Brei beim Kochen nicht überlaufen. Der Brei muß vom Teller gegessen werden, nicht aus dem Tiegel. Beim Genuß des ersten Löffels voll ward eine Wenigkeit Nelken und Zimmet darüber geschabt, darauf leckte Patient an etwas Eisenstaub, so viel als sich an eine angefeuchtete Federmesserspitze ansetzt, darauf ward ein einziger Faden ungestoßener Saffran hinzugethan und dann ward der Brei gegessen. Die Milch, welche zum Brei genommen wurde, mußte abgekocht sein.

Dieser Brei machte jahrelang das Frühstück des Kranken aus. Den Tag über trank er ungefähr 6 Löffel voll eines guten alten Weines.

Nach dem Genusse des Breies ward Schokolade ohne Vanille und Gewürz, 1 Lot in Milch gekocht, gehörig verdünnt, getrunken. Brei und Schokolade wurden langsam genossen. Stellte sich etwa Verstopfung ein, so nahm Patient ein Klystier von Wasser und einen Löffel voll Essig.

Nach dem Frühstück wurden die Geschäfte begonnen. Bei heiterem Wetter ging der Kranke aus, um die frische Morgenluft zu genießen. Um 1 Uhr ward das Mittagsbrot gegessen: es bestand in einer Rindfleischsuppe ohne Fett, mit etwas Hausbackenbrot aufgekocht, und wurden davon 2 Teller voll genossen.

Vom Rindfleisch - vor dem Kochen mürbe geklopft - ward so viel als eine Nuß groß klein geschnitten, und mit etwas Salz und Weißbrot verzehrt.

Das Gemüse bestand des Sommers in Wirsingkohl, Winters in Grünkohl. Zur Frühlingszeit in Sprößlingen von alten Kohlstauden. Das Gemüse mußte gut durchgekocht werden, gut gedämpft aber wenig geschmälzt. Nach dem Gemüse ward etwas Kalbsbraten, feingeschnitten und gut zerkaut langsam gegessen. Zum Dessert gab es etwa 12 gebackene Pflaumen, wohlgekocht und mit Zucker bestreut. Die Pflaumen wurden kalt genossen und die Brühe ausgetunkt. Hierauf einige Löffel voll alten Weines getrunken. Dann ergötzte sich der Patient am Klavierspielen oder schaute aus dem Fenster. nach dem Essen wurde der Mund sorgfältig mit Wasser ausgespült, daß nicht etwa Speisereste darin hängen blieben.

Das Essen mußte langsam geschehen, mit gehörigem Speichel vermischt und alles wohl zerkaut werden. Backwerk ward vermieden, allenfalls etwas Torte bei Gesellschaftsmahlen war erlaubt. Kaffee und Likör waren verboten.

Zu einer passenden zweckmäßigen Lektüre wählte Patient moralische Schriften, vermied alle schlüpfrigen Sachen und beschäftigte sich mit religiösen Betrachtungen.

Dabei mußte die sorgfältigste Reinlichkeit des Körpers beobachtet werden.

Um 3 Uhr nachmittags begann die eigentliche Wasserkur. Reines Brunnenwasser mußte 8 Stunden lang im Zimmer verschlagen sein; hiervon wurden ¾ Stunden nach und nach 5 Schoppen getrunken. Anfangs nahm Patient ½ Glas voll auf einmal, dann mehr bis auf ein ganzes, beschäftigte sich dabei mit Lesen. Nach diesem begann eine zweistündige Promenade, wobei sich der Patient nach der Jahreszeit kleidete, um die Erkältung zu verhüten. Bei stürmischem Wetter ging er bloß durch die Straßen der Stadt, an schönen heiteren Tagen, wo die

Sonne schien, stieg er Berge und Anhöhen hinauf. Bei Nässe und kotigem Wetter, Schnee und Tauwetter, war er stets auf gutes Schuhwerk bedacht, um die Füße vor dem Naßwerden zu schützen. Kam er vom Spaziergange nach Hause zurück, so entkleidete er sich nicht gleich, behielt auch den Hut noch eine Weile auf, besonders wenn er geschwitzt hatte; waren dennoch die Füße naß geworden, so wurden Stiefel und Strümpfe ausgezogen und mit trocknen vertauscht.

Abendbrot ward nicht gegessen. Des Abends ging er in heitere Gesellschaft, wohnte Musik und frohen Unterhaltungen bei. Um 10 Uhr kam er nach Hause, frottierte sich Unterleib und Magen mit Flanell, aber nie die Geschlechtsteile, bei denen es hieß: noli me tangere! - Gleich hierauf ging er zu Bette. Bei dem Wassertrinken machte sich Patient Bewegung; überhaupt ist bei einem schwachen Magen Vorsicht nötig beim Beginnen der Wasserkur. Alles zu strenge Nachdenken und Studieren vermeide man.

Nach dem Nachmittagstisch darf nicht geschlafen werden. Kleidung: Eine Flanelljacke ohne Ärmel auf dem bloßen Leibe getragen; dann das Hemd, Hosen, Weste, Leibgurt, Rock, Halstuch. Nach Umständen Unterziehhose und Jacke; wollene Strümpfe Winter und Sommer. Doch kleide man sich nicht zu warm, weil man leicht sich erhitzt und in Schweiß kommt. Früh wasche man sich die Hände und Arme. Das Gesicht ward gewaschen einige Zeit vor dem Schlafengehen in Wasser, das vom Mittag an im Zimmer gestanden hatte. Er badete das Gesicht im Waschbecken und wusch es mit einem Schwamme ab.

Das Waschen des Gesichts ist morgens oft nachteilig, weil es die Kopfausdünstung leicht unterdrücken kann.

Die Sicherersche Tinctura concentrata nahm er nur zu 12 Tropfen, bei andern ist vielleicht mehr oder weniger nötig. Abends beim Einsteigen ins Bett nahm er täglich 2 Sicherersche Pillen. (Da aber, wie der Verfasser sagt, die Pillen erhitzend sein sollen, und er alle 3 Monate 90 Gramm Blut lassen mußte, so sind sie am besten zu vermeiden.) Besser bekam dem Kranken der weiße Pfeffer, nachts zwei Korn verschluckt.

Nach diesem allen, erfolgte Stärkung, Heiterkeit, Lebenslust. Patient genoß auf seinen Spaziergängen zuweilen etwas Honig, abgerahmte Milch, weiche Eier, Warmbier, als er nämlich wieder stärker und kräftiger geworden war. Er machte auch dann zuweilen wieder ein Tänzchen mit. Täglich nahm er eine Pille von Kopaivbalsam mit Liquiritiensaft und Zuckersaft.

Gegen fliegende Hitze gebrauchte er Wasser mit Weinsteinrahm: drei Messerspitzen voll wurden mit einem Schoppen siedenden Wassers langsam übergossen; er ließ es kalt werden und trank es dann langsam aus. Doch durfte es nur Mittwochs und Sonnabends früh nüchtern getrunken werden. Eine Stunde später nahm Patient süßen Milchrahm, sott ihn, daß er nicht gerann, stellte ihn dann fern vom Feuer. Dann ward ein weiches Ei gesotten. (Man thut es in kaltes Wasser, wenn das Wasser zu sieden anfängt, ist das Ei gut.) Dann wurde das Ei in eine kleine Schüssel, geschlagen, mit dem Weißen durcheinander gerührt, nach und nach Milchrahm zugegossen und Zucker zugethan, hierauf nahm er eine Messerspitze voll Zucker auf die Zunge, schluckte mit einem Löffel voll bereiteten Milchrahm die China hinunter und nahm das andere lauwarm mit dem Löffel nach; dabei ging er im Zimmer auf und ab. Dies geschah alle Mittwoch und Sonnabende, sowie auch der Genuß des

Weinsteinwassers. Wenn der Weinsteinrahm genommen wurde, aß er den Brei um 8 Uhr, auch blieb dann die Tinctura concentrata aus. Ebenso kann auch der weiße Fluß bei Frauen behandelt werden.

Wem nun die angegebenen Speisen nicht Abwechslung genug geben, dem ist zu raten:

1. Gute Feigen, nach Tische 3 - 4 Stück
2. Gebratene Klößchen mit Milch, Semmel, Mehl, süßem Rahm und Ei bereitet, gesotten, dann in Stücke geschnitten und in etwas Schmalz gebraten.
3. Wenn Patient wieder des Abends essen kann, ein Eierkuchen mit Gemüse, dünn ausgebacken.
4. Suppen, Fleischbrühen von Rindfleisch mit Brot, Gries, Gerstenschleim. Nudelsuppen, Winterkohl, gelbe Rüben, weiße Rüben.
5. Kohl, Wirsingkohl, Winterkohl, gelbe Rüben, weiße Rüben.

Gute Arznei für geschwächte Mannspersonen.

40 Gramm Eisenfeilspäne, 40 Gramm beste Chinarinde.
(Aus der Apotheke.)
40 Gramm Pomeranzenschalen, 30 Gramm Ingwer, 20 Gramm besten Zimmet, 200 Gramm Gewürznelken.
(Vom Kaufmann.)

Die Pomeranzenschale, der Ingwer, Zimmet und die China werden grob gestoßen. Nun wird alles in eine große Flasche gethan und 3 Flaschen leichter Rhein- oder

Moselwein darauf gegossen; so bleibt die Masse am warmen Ofen, täglich einige Male umgeschüttet, stehen, nach drei Tagen kann eingenommen werden. Täglich zwei- bis dreimal, jedesmal aber 2 Eßlöffel voll. Nach Verbrauch können noch einmal 2 Flaschen Wein aufgegossen und der Gebrauch lange Zeit fortgesetzt werden.

Über das Wesen der Onanie oder Selbstbefleckung.

Beschreibung, wie Onanie bei Männern und Frauen beseitigt wird, zur Warnung vor diesem Laster und seinen öfters unheilbaren Folgen.

Unter Onanie oder Selbstbefleckung versteht man die Art und Weise, auf welche man den menschlichen Samen gewaltsam und widernatürlich aus dem Körper entfernt, welcher nur bei natürlicher Begattung beider Geschlechter abgehen soll, und bei dessen zwangmäßiger Entfernung große Zerrüttung des ganzen leiblichen und geistigen Organismus des Menschen herbeigeführt wird, eine Zerrüttung, die sich anfangs gleich mit dem scheußlichsten Leiden verbindet, welche in manchen Fällen mit dem Tode endigen.

Wenn nun eben auch Onanie oder Selbstbefleckung zunächst die gewaltsame Entfernung des männlichen Samens bedeutet, so ist damit noch nicht gesagt, daß nicht auch bei dem weiblichen Geschlechte von Onanie die Rede sein könne. Dieses schauderhafte Laster ist bei dem weiblichen Geschlechte eben so häufig zu finden, wie bei dem männlichen und erzeugt bei jenem wie bei diesem schwere Leibeskrankheiten, vollständige Erschlaffung des körperlichen und geistigen Lebens; aber nur die Art und Weise, wie sie bei den Geschlechtern bewerkstelligt wird, ist eine verschiedene. Bei Männern wird die Onanie durch Reibung (Penis) insoweit bewirkt, bis das Gefühl der falschen Wollust auf den Grad steigt, daß das Zeugungsglied den Samen entleert. Da bei Knaben und Jünglingen, welche noch nicht mannbar sind, von einer natürlichen Samenausleerung nicht die Rede sein kann, so wird sich bei diesen während der Selbstbefleckung nur eine bis auf den höchsten Grad gesteigerte falsche wollüstige Erregung durch den ganzen körperlichen Organismus kund geben. - Die Jugend ergiebt sich dem abscheulichen Laster der Selbstbefleckung nur zu häufig, wie tägliche Erfahrung lehrt, und ahnt oft nicht, da sie in den wenigsten Fällen bei einem wahren Menschenfreund Belehrung darüber finden kann, welchem Unglück und geistigen und leiblichen Verderben sie sich hier in die Arme stürzt.

Die Selbstbefleckung bei dem weiblichen Geschlechte wird auf folgende Weise bewerkstelligt, daß ein Finger oder sonst ein Instrument durch die Schamlefzen hindurch in die Mutterscheide in nach und nach immer kürzeren Zwischenräumen hinein und herausgezogen wird. Durch diese Reizung wird nicht bloß in den weiblichen Geschlechtsteilen selbst, sondern in dem ganzen übrigen Körper eine kitzelnde wollüstige Erregung hervorgerufen.

Fühlen junge Mädchen, von dem Ausbunde ihres Geschlechts verführt, zu diesen naturwidrigen Erregungen der Wollust einmal besonderen Reiz, so wiederholen sie diese Wollusterregungen nach und nach mehrere Male des Tages, nicht wissend, daß sie mit jedem Tage die Blüte ihrer Jugend immer schneller abstreifen und so mit Riesenschritten dem körperlichen Verfalle zueilen.

Der Selbstbefleckung analog in ihren Wirkungen und darum auch teilweise hierher gehörig sind:

a) Die zu frühzeitige Begattung, bei welcher entweder beide Individuen oder das eine von beiden noch nicht mannbar ist.

b) Der übermäßige Geschlechtsgenuß, besonders wenn der Reiz zur Begattung erst durch künstliche Mittel, als durch aufregende Mixturen und erhitzende Getränke hervorgerufen wird.

c) Wenn junge Männer sich mit alten Weibern begatten, die unverschämt genug sind, durch Geld die Befriedigung ihrer Lüste von jungen Männern zu erkaufen. Viele junge Leute haben diesen scheußlichen Verdienst schon schwer büßen müssen.

d) Ebenso wenn sich junge Mädchen für Geld alten Männern hingeben oder mit kränklichen abgelebten Personen begatten, die infolge ihrer früheren ausschweifenden Lebensweise die Wollust solcher Mädchen nicht mehr befriedigen können.

Die Onanie kann auch geistiger Art sein.

Der Charakter der geistigen besteht in folgendem. Die Phantasie des Menschen sieht von aller Wirklichkeit ab und schafft sich ihr eigenes Ideal, für das der Mensch in größter Geistesaufregung schwimmt, es liebkost und mit welchem er in seiner Phantasie verführerischen Umgang pflegt. In den meisten Fällen hat diese geistige Onanie ihren letzten Grund in der schlechten Lektüre, mit welcher junge Mädchen die kostbare Zeit ihrer Jugend vergeuden, und junge Frauen den Mangel an Zuneigung zu ihrem Gatten, der ihnen vielleicht nur aus Spekulation aufgedrungen worden, durch Hingabe an ein übersinnliches Ideal, welches ihren oft überspannten Anforderungen entspricht, zu ersetzen suchen. Auf diese Weise beunruhigen sie ihren Geist, reizen ihre Phantasie und dadurch stören sie den regelmäßigen Umlauf des Blutes, schwächen die Verdauungskraft des Magens und verursachen infolgedessen eine Menge Krankheiten, die nicht nur den Geist zerrütten, sondern auch den Körper auf eine höchst schädliche Weise reizen. - Dieser krankhafte Geisteszustand erhöht die Reizbarkeit der Geschlechtsteile, erregt starke unsittliche Triebe und ruft so die Krankheiten des Instinktes mit dem Streben nach unersättlichem physischen Genuß hervor.

Eltern und Lehrer und alle, denen die Sorge für die geistige Ausbildung der Kinder obliegt, mögen daher für eine gewählte Lektüre ihrer Kinder und Zöglinge Sorge tragen.

Die furchtbaren Folgen der Onanie sind zunächst Erbleichen der Gesichtsfarbe; blaue Ringe um die Augen, Ermatten, Schwinden der Kräfte im allgemeinen, Schwäche in Schenkeln und Füßen und in den späteren Jahren mancherlei Lähmungen, bedeutende Ernährungsstörungen, Schwindsucht der verschiedenen Organe.

Kur einer Onanie-Kranken.

Während der Nacht ward sie in zwei in kaltes Wasser eingetauchte Betttücher und in eine wollene Decke eingehüllt, worin sie 2 - 3 Stunden täglich schwitzen mußte. Morgens früh unmittelbar nach dem Schwitzen wurde sie mit einem in kaltes Wasser eingetauchten Handtuch abgewaschen und erhielt eine nasse Umschlagsbinde von dreifacher Leinwand um den Leib. - Diesen Umschlag mußte sie jedesmal vor dem Mittagessen wechseln, dabei sechs gewöhnliche Trinkgläser voll frisches, kaltes Wasser von früh bis Mittag in zweistündigen Zwischenräumen trinken, dann 2 Gläser während des Mittagessens, und 4 - 6 Gläser bis 8 Uhr des Abends, Einspritzungen in die weiblichen Geschlechtsteile und drei Klystiere in den Mastdarm, beides mit kaltem Wasser, täglich nehmen und eine mäßige Diät beobachten.

Die Diät.

Wie bei allen Krankheiten, so auch bei denen, die eine Folge der Onanie oder Selbstbefleckung sind, ist Diät bei deren Heilung das Wichtigste. Die Speisen, welche die Diät der Onanisten vorschreibt, sollen ganz einfach und ohne den geringsten scharfen und gewürzigen Beisatz zubereitet sein, nicht fett, nur sehr wenig gesalzen, nicht sauer und nicht zu süß, und was die Hauptsache ist, nicht heiß, sondern kühl genossen werden, weil schon die Hitze der Speisen an sich den Magen in den Zustand der Schlaffheit versetzen und ihn dadurch zur Verdauung gänzlich unfähig machen kann, wie auch die stark gewürzten Speisen die natürliche Magenwärme zu sehr erhöhen und den Magen selbst in eine augenblickliche fieberhafte Erregung bringen.

Die gesunden, und namentlich für Onanisten zuträglichen Speisen sind alle Getreidespeisen, wie Graupen und Mehlspeisen, oder Roggenbrot und nur solches Weizenbrot, welches nicht frisch ist, sondern 3 - 4 Tage gelegen hat, ferner die Speisen von manchen Gemüsearten, wie von Mohr- und Kohlrüben, Blumenkohl, dagegen ist der Genuß von Petersilie, Sellerie, Porree, Zwiebeln, Knoblauch, Meerrettich, Senf, Runkelrüben, Pastinake, Radieschen, Spargel, Sauerkohl, alle Gattungen Kartoffelgemüse, alle Arten grüne Erbsen und Bohnen, Sauerampfer und Spinat unter keiner Bedingung dem Kranken zu gestatten. Obst können sie, wenn es ganz reif ist, ohne Bedenken genießen, dagegen keine Suppen und Fleischbrühe. Von Fleisch ist ihnen Rind- und Hammelfleisch, Kapaunen, Hühner und alle Arten von Wildpret erlaubt, dagegen kein Kalb-, Schweine-, Gänse- und Entenfleisch, ebensowenig unschuppige Fische, Schinken, alle Arten von geräuchertem Fleisch und von Würsten, alles was von Fleisch und anderen Nahrungsmitteln in Essig gelegen hat, darum auch kein Pökelfleisch, und weil alles Scharfe und Saure das Blut verunreinigt, verdickt, keine Käse. Von Getränken ist während der Krankheit frische Milch, die nicht gekocht ist, erlaubt und zwar in folgendem Verhältnis: für Kinder bis zu 10 Jahren mit dem 3. Teile Wasser, für ältere bis zu 15 Jahren mit dem 4. Teile Wasser vermischt, und für Personen bis zu 20 Jahren und darüber unvermischt.

Gekochte Speisen dürfen die Kranken nur einmal des Tages und zwar immer nur zu Mittag zu sich nehmen. Dieses Mittagessen soll jedoch niemals aus mehr als zwei gekochten Speisen bestehen, nämlich aus ein wenig Fleisch und Mehlspeise, welches beides lauwarm gegessen werden muß. Als Frühstück und Abendbrot, welches letztere immer schon zwei Stunden vor dem Schlafengehen eingenommen werden soll, können die Kranken altbakkene Semmel mit Milch, welche jedoch bei gefährlich Kranken besser wegbleibt, zu sich nehmen. Überhaupt sollen die Kranken sich nicht überfüllen, sondern so viel essen, daß sie immer noch ein wenig Appetit fühlen. Haben die Kranken keinen Appetit, so nötige man sie nicht mit aller Gewalt zum Essen, in dem Wahn, daß sie auch ohne besonderen Appetit essen müßten, um die verlorenen Kräfte dadurch wieder zu ersetzen. Im Gegenteil ist es besser, wenn der Patient sich so lange des Essens enthält, bis sich der natürliche Appetit von selbst einstellt; denn die Nahrung, welche ohne den geringsten Appetit mit Gewalt in den Magen eingestopft wird, schwächt und erschlafft denselben nur noch mehr und macht ihn dadurch immer unfähiger, die genossenen Speisen gehörig zu verdauen. Sind aber die Speisen von dem Magen nicht gehörig verdaut, so faulen sie in demselben und tritt der Nahrungssaft von solchen verfaulten Speisen dann in das Blut, so ist die unmittelbare Folge, daß dieses nur noch mehr verunreinigt, sein Umlauf unregelmäßiger und die Krankheitsstoffe, welche im Körper schon vorhanden sind, bedeutend vermehrt werden. Nichts ist natürlicher, als daß unter solchen Umständen der Grad der Krankheit erhöht und der Zustand des Kranken desto gefährlicher wird.

Was nun die Zubereitung der Speisen selbst für solche Kranke anlangt, so ist frische Butter und ein wenig Salz das einzige, was als Beisatz dieser Speisen erlaubt werden kann.

Betrachten wir die Diät in solchen Krankheiten auch in ihrer Beziehung zu den Getränken, so ist bei dem Patienten auf die strengste Enthaltsamkeit sowohl von allen geistigen, als auch von allen erhitzenden Getränken überhaupt (kalten und heißen) zu dringen. Unter die ersteren gehören z.B. alle Sorten von Wein und Weinsuppen, alle Gattungen von Bier und Biersuppen, Met, Arak, Punsch, Rum, Branntwein u.s.w., unter die letzteren z.B. Kaffee, Thee, Schokolade u. dergl. m.

Der Tabak besitzt schädlich wirkende Eigenschaften auf das Gehirn, Rückenmark, sowie auf die Lunge, den Magen. Aus diesem Grunde ist daher in dieser Krankheit das Rauchen, Schnupfen und Kauen desselben den Patienten aufs strengste verboten.

Worte eines rechtschaffenen Vaters

an seinen neuberehelichten Sohn.

Die junge blühende Gattin, die du jetzt mit feurigen Armen umschließest, hat nicht väterliche Laune oder Geldgier dir aufgedrungen, sie ist das Weib deiner eigenen Wahl, und sie besitzt so viel schätzbare Eigenschaften des Körpers und der Seele, daß du dich notwendig glücklich fühlen mußt, mit ihr so innig verbunden zu sein. Danke denn, mein Sohn, vor allem der gütigen Vorsehung, welche dir diese liebenswürdige Gefährtin und Gehilfin zugeführt hat. Denn daß du sie fandest, unter den Tausenden ihres Geschlechts sie herausfandest, und daß ihr Herz dem deinigen begegnete, dies war gewiß nicht Zufall, sondern Leitung jener unsichtbaren Vaterhand, die uns den Weg durch das Leben ebnet und angenehm macht, um uns zur treuen Erfüllung unserer Pflichten und zur eifrigen Beförderung des allgemeinen Wohls zu ermuntern. Von deinem Betragen wird es bloß abhängen, die Glückseligkeiten des ehelichen Standes, welcher durch seinen Ursprung und Endzweck in gleichem Maße ehrwürdig und für die menschliche Gesellschaft so höchst wohltätig ist, bei guter Gesundheit und mit frohem Mute zu genießen, die Liebe deiner Gattin, den Segen deiner Kinder und den Dank des Vaterlandes einzuernten.*)

Beweise in deinen Ehegenüssen immer vernünftige Mäßigung; und wenn du in den Armen deiner dich liebenden Gattin die Freuden des Ehestandes genießest, so erinnere dich immer mit kindlicher Ehrfurcht und Dankbarkeit des allgütigen Weltvaters, der den Ehegenuß zwar zu unserem Vergnügen schuf, aber auch den Mißbrauch desselben, so wie jeden übertriebenen Sinnengenuß, mit den unangenehmsten Folgen bestraft, um uns auf unsere Selbsterhaltung aufmerksam zu machen. Auch im feurigsten Rausche der Liebe darfst du nicht deiner Würde vergessen, nicht durch unersättliche Wollust zur rohen Tierheit herabsinken.

Ein junger Ehemann kann sich im ersten Jahre seiner Verbindung durch Unmäßigkeit im Genusse so er-

---

*) "An den allermeisten unglücklichen Ehen sind nicht die Weiber, sondern die Männer schuld, und zwar aus Mangel entweder der physischen oder der geistigen oder der moralischen Kraft."

schöpfen, daß schon im Frühjahre der Ehe seine Manneskraft dahinschwindet. Nicht unmäßiges genießen ist irdisches Glück in der Ehe. Ein zu wollüstiger Ehemann wird bei guter Zeit der Apotheke zinsbar und zu seinen Berufsgeschäften untauglich. Kein Teil wird durch übertriebene Wollust mehr beschädigt, als das Hirn, das der Sitz der edelsten Kräfte ist. Das Denkvermögen und die Gedächtniskraft leiden dabei auf die traurigste Weise. Sich durch köstliche Speisen und hitzige Getränke oder gar durch treibende Arzneien zur öftern Beiwohnung stärken wollen, ist heimliches Gift für die Gesundheit. Viele Ehewollüstlinge sind das Schlachtopfer dieses gefährlichen Mißbrauchs geworden. Und wie schändlich ist es, den sinnlichen Ehegenuß, der bloß Mittel zum Zwecke sein soll, zum Zwecke selbst zu machen, und dem augenblicklichen Vergnügen Körper- und Geisteskraft, Gesundheit und Leben leichtsinnig zu opfern!

Genieße mäßig, mein Sohn, und bewahre so das Vermögen, das dir der Schöpfer zur Fortpflanzung deines Geschlechts anvertraut hat! Je seltener der Ehegenuß ist, desto gesünder ist er. Der Beischlaf gleich nach der Mahlzeit bei vollgepfropftem Magen schadet der Verdauung; die jetzt dazu leitenden Triebe sind in diesen Augenblikken mehr ein erkünstelter, als natürlicher Reiz. Ihre Befriedigung ist folglich der Gesundheit nachteilig. Wenn man nach der ehelichen Umarmung eine ungewöhnliche Entkräftigung, Unverdaulichkeit, spannendes Kopfweh, Mißlaune und Ärgerlichkeit spürt, so war der Beischlaf gewiß mehr das Werk der durch die Sinnlichkeit erhitzten Einbildungskraft, als wahres Naturbedürfnis. Ebenso entkräftet derselbe im heißen Sommer mehr, als im Winter, weil im Sommer die Verdauungskräfte überhaupt schwächer sind. Die von der Natur selbst ausgezeichnete

Jahreszeit zur fruchtbaren ehelichen Beiwohnung ist zuverlässig das Frühjahr. Das junge, frische, üppige Leben, das in dieser Zeit die ganze Schöpfung erfüllt, durchströmt auch den menschlichen Körper, daher auch die im Mai erzeugten Kinder gemeiniglich munter und geistvoll sind. Nach einer heftigen Leibesarbeit oder angreifenden Geistesbeschäftigung sich zum Beischlafe anstrengen wollen, ist eine äußerst schädliche Thorheit. Seiner kränkelnden Gattin beiwohnen, schwächt ihre Gesundheit noch mehr; dieselbe, wenn sie etwa lungensüchtig oder mit einer anderen gefährlichen, langwierigen Krankheit befallen wäre, in den Zustand der Schwangerschaft versetzen, befördert ihren Tod und erzeugt ein sieches elendes Kind. Nach einer harten ausgestandenen Krankheit, bei noch nicht vollkommen hergestellten Kräften die erste Regung des Zeugungsvermögens benutzen wollen, ist gefährlich und verursacht nicht selten, zumal bei kalten Fiebern, hartnäkkige Rückfälle. Eheliche Beiwohnungen im Zeitpunkte der monatlichen Reinigung, die an sich schon unanständig sind und von einer zügellosen Begattungslust zeugen, machen die Anlage zu Verblutungen und anderen weiblichen Krankheiten, die der Gattin früh oder spät gefährlich werden können. Feurige Umarmungen in der Schwangerschaft, besonders in den ersten Monaten, sind geheimer Kindermord, weil bei jungen vollblütigen, reizbaren Frauen Blutflüsse und unzeitige Geburten dadurch erfolgen. Am allergefährlichsten ist der Beischlaf in der Schwangerschaft zu demjenigen Zeitpunkte, wo sonst die monatliche Reinigung zu erfolgen pflegte. Bei mehr anwachsendem Unterleibe in der Schwangerschaft ist der Beischlaf für die Entwicklung des jungen Weltbürgers teils nachteilig, teils unerträglich. Dabei ist auch der Ehegenuß in diesem Zeitpunkte offenbar unnütze Verschwendung des so edlen Zeugungsvermögens. Wenn das brütende Tierweibchen auf den Eiern sitzt, so hören die lüsternen Liebkosungen auf, und das Männchen beschäftigt sich bloß mit Ernährung des Weibchens. Sollte der vernünftige Ehemann weniger enthaltsam sein, da ohnehin der seltenere Ehegenuß die Leibes- und Seelenkräfte ausnehmend stärkt? - Seiner in Wochen liegenden Gattin beizuwohnen, verzögert ihre vollkommene Erholung und ist überdies dem Anstande zuwider, den schon die gesitteten Völker des Altertums beobachteten.

Nach diesen Vorschriften, mein Sohn, leite und mäßige deinen Zeugungstrieb, wenn es dir ernst ist, den Ehestand mit dauerhafter Gesundheit, mit munterem Gemüte lange Jahre zu genießen, ein froher Vater, ein an Körper und Geist ungeschwächter Erzieher gesunder Kinder und einst noch ein beglückter Urvater zu werden. Dann wird auch der geschwinde Überdruß und die frühe Erkaltung, welche die unausbleibliche Folge von übertriebener Sättigung der Sinnlichkeit ist, bei dir nicht eintreten, und das Sprichwort: Ehestand ist das Grab der Liebe, das, leider! bei so vielen unserer heutigen Ehegatten eintrifft, wird durch dich keine Bestätigung erhalten.

Mit deiner jungen, gesunden Gattin magst du immer in demselben Bette schlafen, bis wahrscheinliche Zeichen einer Schwangerschaft erscheinen. Dann aber, wenn sie gesegnet ist, thust du besser, dich von dem gemeinschaftlichen Ehebette zu trennen, damit der Reiz zur Beiwohnung minder lebhaft werde, und folglich für die keimende Leibesfrucht kein Nachteil entstehe. Unzählige Kinder gehen jährlich durch die Unenthaltsamkeit der Ehemänner für das Vaterland verloren. Ebenso vernünftig ist es, entfernt von seiner Gattin zu schlafen, wenn sie die

Pflicht der Natur verfolget und ihr Kind selbst stillt. Wenn du aber aus vernünftigen Gründen bei deiner Gattin enthaltsam bist, so verletze darum nicht die ihr heilig gelobte eheliche Treue. Suche dir nicht bei der Buhlerin den Genuß zu verschaffen, den du jetzt bei der Gattin entbehren mußt, was so leicht Gram für dein tugendhaftes Weib, Vergiftung deines Blutes und Verwüstung deiner Gesundheit nach sich ziehen kann, in jedem Falle aber Scham vor dir selbst und peinigende Vorwürfe des Gewissens zur Folge haben muß. Versuchungen dieser Art kann man mit erfurchtsvollem Andenken an Gott und die Pflicht, mit ernsthafter Beschäftigung des Geistes und Körpers, mit Vermeidung der Schwelgerei im Essen und Trinken, mit Beherzigung des aus solchen Ausschweifungen erfolgenden Schadens für Gesundheit, Ehefrieden, Kindererziehung und innern Frieden sicher erkämpfen. Fürchte nicht, daß die Enthaltsamkeit deiner Gesundheit schädlich werden könnte, wenn es hier und da Ärzte gab, die, um der Schwelgerei vornehmer Wüstlinge zu schmeicheln, die Enthaltsamkeit nachteilig ausgaben. Die Natur versteht besser als die Ärzte, was die Gesundheit erhält oder ihr schadet. Sei zu diesen Zeitpunkten enthaltsam und zugleich deiner Gattin unveränderlich treu. Du betrügst dich, wenn du unter Disteln und Nesseln Blumen zu pflücken glaubst. Bloß erhitzte Einbildungskraft und tierische Wechselgier ist es, die letzten Begünstigungen einer fremden feilen Dirne mit Mühe und Geldverschwendung zu erobern, da man bei seiner unschuldigen Gattin denselben Genuß ohne Pflichtverletzung erhalten kann. Ich würde dich verachten, wenn du, mein Sohn, je so ungerecht und treulos sein könntest, ein flatterhafter Wollüstling zu werden; aber fluchen würde ich dir, wenn du so grausam wärest, mit dem Gifte, was du eben so teuer als schändlich erkauftest, deine schuldlose Gattin anzustecken. Ist eine Frau nicht unglücklich genug, wenn sie den alleinigen Besitz der Zuneigung ihres Mannes verloren hat? Soll sie auch noch für seine Sünden mit büßen? Oder soll sie um der fremden Buhlerin willen, auch noch Lieblosigkeiten und Unarten von ihrem Gatten erdulden? Ich kann dir zwar eine so entsetzliche Vergessenheit deiner selbst nicht zutrauen; aber erinnern muß ich dich, daß es in der fortdauernden Ehe nicht immer so sein wird, wie es jetzt in den Flitterwochen ist. Nein! nicht immer werden die Frühlingsblumen der Liebe, Veilchen und Rosen und Vergißmeinnicht, dich umblühen; auch das Spätjahr wird eintreten; frostige Nächte werden im Ehebette erscheinen; trübe Wolken des Schicksals werden die heiteren Tage der sinnlichen Freuden verdüstern, das gähnende Einerlei wird in die einst so bezaubernde Unterhaltung sich einschleichen. Alsdann, mein Sohn, muß die sanftere Freundschaft an die Stelle der feurigen Liebe treten, wie nach dem Untergange der Sonne das sanfte Mondlicht mit hellerem Glanz hervortritt...

An dieser Stelle bricht das Werk ab; die restlichen Seiten (hoffentlich nicht zu viele!) fehlen. Dem Verlag war es trotz größter Bemühungen nicht möglich, ein zweites, unversehrtes Original aufzutreiben.